勇敢些，选择这样做教师

幼儿园课程领导者的自我培育

贺 蓉 著

复旦大学 出版社

序

华爱华

华东师范大学教授

上海市幼儿园课程领导力项目已走过十多个年头,我也有幸陪伴这个项目这么多年,见证了这个项目在伴随幼儿园课程改革过程所发挥的作用,同时也近距离接触了本书作者贺蓉老师对课程领导力的思考是如何持续和深入的。在她主持的大大小小项目会议或交代项目任务时的发言中,更在她主编的每个阶段的项目成果中,我清晰地体会到,她是怎样把对课程领导力的抽象理解,在每个项目园的实践中进行咀嚼和消化,并越来越贴近教师的认知的。这次,她的新作《勇敢些,选择这样做教师》又呈现在我面前,仅就书名就让我意识到,她对课程领导力核心内涵的理解又进了一步,即对教师作为课程建设与实施的主体地位又一次进行了深入的思考。在此,有三点想说。

第一,看到书名我就有一种想对其进行破题的冲动。

对这个题目我既感到震撼又十分欣赏。首先,震撼的是"勇敢些"这三个字的分量,在我看来至少体现了三层含义:一是突破。因为有一些爱思考有想法的教师,往往不满于现状又无奈于现实,"勇敢些"就是给他们以勇气,希望他们作为课程领导者敢于在课程实践中改革、探索和创新,去验证自己的思考从而坚定信念;二是唤醒。因为有不少教师习惯于依赖别人设计的课程,然而从他人设计的课程到自己理解的课程,再到被动执行的课程,直至幼儿体验到的课程,已经离课程目标渐行渐远却木然,"勇敢些"就是让那些行为已经固化和定势的老师,作为课程的主体而摆脱依赖,从惰性和倦怠中找到自我;三是激励。因为提出让教师成为课程领导者是需要内力驱动的,这里体现了一种对教师的信任,相信每个教师都有积极向上的主体能动性,是具有成为课程领导者的潜力的，因此"勇敢些"是在为每个教师的课程领导力提升加油鼓劲。其次，我欣赏的是"选择这样做教师"，抑或选择做这样的教师，这里的"选择"意味着激发教师的专业自觉，我读出作者的意思是，做怎样的教师，自己想清楚了，选择自己认定的样子去实践，按照自己的选择的样子去尝试，这样将会成为一个幸福的教师，因为只有当教师体验到工作的意义和自身的价值时，才会升腾起职业的荣耀。

第二，整本书用与教师促膝谈心般的表述方式也让人非常感动。

这本书的写作很像作者的日常风格，全然没有一个教研员面对教师居高临下般的说教。书中虽不乏大量的理性思考，但娓娓道来的文字似乎带着轻声细语，不会让读者感到在讲大道理，因为大道理已经化为作者对教师提出建议时用来解释的一些理由，这种循循善诱让教师感到离作者很近，不仅会有一种阅读的自由和放松，还能引发他们对每个关键要点的进一步思考。特别是其中来自教师的一些问题，作者不只是给予直接答复，而是对许多问题先进行分析，有理有据地给出回应，这也增强了教师对作者观点的信服力。由于本书全面涉及了在提高保教质量的时代背景下，一个教师在保教实践的方方面面所体现的课程领导力，所以教师完全可以将其作为专业学习的参考书，也可以作为答疑解惑的工具书，教师既可以随时选择自己想要了解的内容来读，也可以根据自己的理解来思考如何接受其中的观点，甚至可以直接与作者讨论书中所述。

第三，作者在向教师阐述课程实践的建议和行动原则时还透着一种表述的机智。

本书体现了作者鲜明的课程理念和坚定儿童立场，"把聚焦儿童发展作为第一要义"的课程观贯穿全部内容，且从头至尾相当稳定。其实，要想写明白一线教师在课程实践中的那些事儿，还真考验作者的功力，因为很多在理论上说得通的道理，往往在具体的实践中充满矛盾，所以那些远离实践的专业人员在演讲或写作中经常会出现自相矛盾，要么只有观点却无例证，要么从观点出发去挑选相应的实例，结果是观点与案例并不完全匹配甚至矛盾。由于本书作者在主持项目的这些年，有机会深入各个幼儿园的具体实践，有机会接触各类教师的困惑和纠结，基于大量实践中真问题的思考而形成的观点，就使本书作者始终保持立场稳定，观点鲜明。在面对课程实践中诸如儿童的需要与教师的要求的矛盾（"儿童的兴趣"遭遇"教师的想要"）、教师对课程的主体作用与尊重幼儿主体性之间的矛盾、家长的育儿理念和幼儿园倡导的课程理念之间的矛盾等等问题和纠结时能应对自如。尤其值得肯定的是，贺蓉老师既没有以二元对立的态度进行回应，也没有以"既要也要"（师幼双方主体地位并列重要）的表述加以应付，而是机智地用"转化"的智慧加以协调，但这种转化的前提仍然是对儿童立场的坚持。即把教师的"想要"转化为幼儿的动机需求，或者以潜移默化方式渗透在环境中，让幼儿无意中达成教师的"想要"。当然，这是需要智慧的。所以我们看到，作者在强调教师作为课程主体地位的同时，没有忽略儿童在课程中的主体性，把尊重儿童主体地位作为教师主体作用发挥的体现。比如教师对课程的主体作用就在于为支持每一个幼儿的发展而做准备，教师的主体作用还在于顺应幼儿天性的前提下与幼儿共创课程的意义，教师的主体作用还体现在与家长协商与共赏幼儿的发展，以此确立教师的专业形象。作者的机智在于避开了会让一线教师在实践时左右为难的尴尬（比如一会儿指责教师过度干预幼儿的自主性，一会儿又指责教师不发挥主体作用，最终以一句"适宜"而了事）。

  我感到，这本书是在教教师如何获得专业成长的智慧，让教师体验存在感、归属感和成就感，成为充满幸福感的教师。同时我也感到，作者还在寻求与教师进一步对话的可能性，以便更好地充实自己。

前言

选择做有智慧、有力量、幸福的幼儿园课程领导者

老师,你好!很高兴你打开这本书。

在我眼里,你的画像很鲜明,你是一个幼儿园教师,更是一个随时准备颠覆自己思维习惯的人,你愿意探索一个不一样的自己。而我写这本书的目的也很简单,那就是换一种方式向你表达,作为教师,你完全可以对自己承担的角色有些新的认识,从而展开你新的教师生涯。

你可能听说过"课程领导力"这个词,但是你也可能会问,它究竟是个什么东西?我为什么要关心它?认识它,对我会有什么帮助吗?是的,我知道,作为幼儿园教师,你已经很忙碌了。如果不是什么特别的东西,也不能吸引你。真希望我精心准备向你表述的这些内容,不辜负你投来的目光。

我对你虽然不了解,但是我至少知道下面的事实:

首先,公平地说,不管你是刚开启幼教生涯,还是已经在这条道路上行进了很长的时间,作为教师的你,一定有自己对教育的理解,对你与幼儿该如何朝夕相处有自己的选择。我确信,你理解成长中的孩子,用珍爱他们的心陪伴他们,向他们展现了这个世界对他们的欢迎和鼓励,你将影响甚至决定你身边的孩子用怎样的方式去开启人生,开启他们对周围世界的探索和相处方式。

其次,幼儿园"一日生活皆课程",课程通过你日复一日与幼儿相处、通过你的举手投足,才转化到孩子们身上。幼儿园的孩子们像海绵吸水般随时吸收他

们感知和探索的一切。正因为这样,他们的玩耍、休息、锻炼、听故事、参观、讨论、想象、舞蹈,以及孩子们之间、孩子和你的相处,都是他们成长需要的营养。通过自己,让幼儿园的课程为幼儿的发展服务,你,其实才是最有决定权的人。

同时,我也完全认定,离开了你作为教育者的主动参与和贡献,幼儿园课程的实施、优化和再创造,就是空中楼阁。

但是我要说,做一名足够智慧而有远见、对幼儿发展有贡献的教师,仅仅爱孩子、懂课程是不够的。我们至少还要拥有智慧的头脑和行动。爱和专业,加上智慧的课程实践选择,才有可能使你长期、自然地去做真正对幼儿有益的事。

如何在课程实践中作出关键的选择?希望你来阅读这本书,相信你一定会有收获。

首先你会获得一些关于幼儿园课程实践的具体知识,学习主动地整合你和他人共同的力量从而让课程"落地"的技术。你也会了解到一些指导幼儿成长的方法,并深深体会幼儿主动发展的力量。你还有机会从不同的视角来审视自己在课程中的角色,帮助你去勾画可能的改变,从而更主动地展开有价值的专业生涯。同时,因为幼儿园教师的幸福感源自对幼儿发展的贡献,对幼儿园课程的归属感和价值感,所以阅读这本书可能有助于你体验到做幼儿园教师的成就感、幸福感。

我期待着你可以从文字中找到一种属于幼儿教育者的专注和安定,不被外在的、表面的、肤浅的一切裹挟,选择去做一个信念坚定、主动选择、反思实践、有力量的幼儿园教师,也就是我们期望培育的幼儿园的课程领导者。

主动选择做幼儿园课程领导者,是勇敢的。因为敢于提出问题、自我质疑、面对现实,是课程领导者的特质。而这些可能有外在力量的推动,更多则发自于"找寻和坚守自己的价值选择"的内驱,源自教师的自我追问。我深信,这种追问很多人都有,而真正勇于面对并用行动回应的过程,不仅要克服不够理想的外在环境的困扰和阻碍,更多要仰仗教师主动实现立场和视角的转换。主动倾听、探求真正的自己,随时准备着接受改变中的自己,是勇敢选择为自己的职业生命负责,是对自身成长力量的相信。相信自己、并为自己负责的人,是自由而幸福的。

课程领导者不是天生的,而是通过主动和现实对话、和自己对话,和自己耕耘的这片教育天地中的人和事的碰撞而培育出来的,是教师对自我的重新发现、雕琢和确认。我身边就有许多这样的教师,她们足够勇敢去追求自己内心向往的样子,懂得幼儿园课程的价值和特质,她们的眼中闪耀着自信、坚定的光芒,浑身散发着为了幼儿的发展去创造的生命活力。只要你愿意,也随时可以开启自己成为幼儿园课程领导者的旅程。路虽远,行则将至。

提升课程领导力的研究已经在上海持续开展超过 15 年,对于教师成为幼儿园课程领导者的期待和实践,也成为高质量幼儿园保教的重要途径。我写这本书,挑战自己面对教师可能遭遇的现实,想象当"努力成为课程领导者"的教师身处无数具体的问题场景和内心纠结时,可能会如何想问题,怎样做事情,来协助你"照见"自己幼教生涯的过去和可能的未来。愿你早日迈开追求成为幼儿园课程领导者的步伐。

贺 蓉

2024 年 5 月 8 日

如何使用（阅读）这本书

"我要怎么读？"

虽然作者书写一本书，是有一定的框架结构和先后顺序的，内容的编排也有内在的逻辑和关系，但是作为读者，您完全拥有如何阅读的权利。这不是一本您必须读的书，更不一定要读完。您想读哪些就读哪些，从哪里开始、到哪里结束都可以。如果愿意的话，建议先浏览本书的目录，获得对全书概貌的整体感知，然后再从您感兴趣的章节切入。甚至您选择只读自己感兴趣的部分，也完全是可以的。我希望的，其实是您找到它对于您的价值。

"我还是我们"

因为我和您一样是幼儿教育的专业工作者，所以经常会不自觉地混淆我和我们的界限。但是，行文中经常使用的"教师""我""我们"只是想表达一种我和您站在一起的立场。尤其本书中讲到的很多实践性内容，都是在强调不仅仅是教师"单个的我"，而希望是"教师们一起合力"去做。

"我通常是如何做的"＋"我打算这样做"＋"我还不理解"

为了便于读者理解我提出相关话题的背景，我尽量描述和呈现了一些在某些具体的场景"常规的做法"以唤醒大家的原有经验，但其实我更想说的是在新的视野下的做法和尝试，有时候也会给出具体的建议，甚至具体说明操作的流程。但这也只是为了说明一种导向，而不是规定大家一定要这样去做。我期待的是，您阅读后，产生属于您自己的设想或行动方案，"我打算这样做"。当然，如果您能告诉我，书中还有哪些表述得不太清晰或难以理解的地方，那就更好了。

目录

第一章 选择用课程领导者的方式去工作   1

你想做怎样的幼儿园教师   3
- 你可以选择成为你想成为的样子   3
- 他人和我们眼中的样子   4
- 那些隐藏在教师角色背后的东西   5
- 来自教师的问题   5

当教师遇见课程领导力   8
- 以追随和实现课程目标为导向   8
- 在实践中敏锐地发现和解决问题   9
- 坚持协同他人进行保教活动   9
- 来自教师的问题   10

课程领导者是我？是我！   13
- 没有脱离课程实践的课程领导者   15
- 并非特定的研究或项目才能助你成为课程领导者   15
- 课程领导力可以通过学习获得提升   16
- 来自教师的问题   16

你必须抓住的关键改变   18
- 把聚焦幼儿发展作为第一要义   19
- 把协同他人作为重要策略   19
- 把研究问题作为持久的动力   20
- 把自我省察嵌入课程实践   21
- 来自教师的问题   22

第二章　为支持幼儿发展作规划和准备　　25

准备着：关注和支持每一个　　27
- 尝试描述每一个幼儿　　28
- 安排与幼儿单独相处的机会　　29
- 在保教计划中关注"每一个"　　29
- 为幼儿做成长记录　　30
- 定期和幼儿家长逐一沟通　　30
- 来自教师的问题　　31

达成共识：培育怎样的幼儿　　34
- 找到你心中理想的发展中的幼儿形象　　35
- 找到对幼儿园课程目标的认同　　35
- 倾听教育同伴的理解和期望　　37
- 倾听幼儿家庭养育者的声音　　37
- 来自教师的问题　　38

甄别并规划环境和资源　　41
- 充满自然元素和挑战　　43
- 能承受幼儿的正常"折腾"　　43
- 放手让幼儿掌控和决定　　44
- 随幼儿的发展而变化　　45
- 关注环境文化的影响　　46
- 来自教师的问题　　47

架构幼儿主动成长的时空　　50
- 学习欣赏幼儿的自发活动　　51
- 允许幼儿作出自己的选择　　52
- 支持幼儿实现自己的目的　　53
- 让幼儿参与和自己有关的班级决策　　54

- 来自教师的问题　　　　　　　　　　　　　　55

让"幼儿喜欢的"遇见"我们想要的"　　　　58
- 设计幼儿感兴趣并亲身参与解决的问题　　　59
- 增加幼儿的选择空间与节奏控制　　　　　　60
- 让幼儿的活动需求合理化　　　　　　　　　61
- 来自教师的问题　　　　　　　　　　　　　62

设定课程实施的关键方式　　　　　　　　　64
- 规划观察、倾听、记录和分析的时机　　　　65
- 充分利用日常生活中持续、反复的机会　　　66
- 丰富、平衡、延续幼儿的成长经验　　　　　66
- 经常结合幼儿的表现反思课程实施　　　　　67
- 来自教师的问题　　　　　　　　　　　　　68

第三章　和幼儿共创有价值的一日生活　　73

顺应幼儿的 N 种天性　　　　　　　　　　77
- 游戏　　　　　　　　　　　　　　　　　　78
- 模仿　　　　　　　　　　　　　　　　　　79
- 好奇好动　　　　　　　　　　　　　　　　80
- 成功　　　　　　　　　　　　　　　　　　81
- 去户外　　　　　　　　　　　　　　　　　81
- 合群　　　　　　　　　　　　　　　　　　82
- 赏识　　　　　　　　　　　　　　　　　　83
- 来自教师的问题　　　　　　　　　　　　　84

建立舒适的师幼关系　　　　　　　　　　　86
- 合理期待，欣赏成长　　　　　　　　　　　87

- 营造舒适的互动氛围 88
- 让幼儿感受到积极期待 89
- 足够敏感足够"懂" 90
- 成为吸引幼儿走近的人 91
- 来自教师的问题 92

让幼儿在集体中成长 95
- 共商并遵守班级规则 96
- 展现力量、有所贡献 97
- 构建爱和信任 98
- 分享、安全感和边界感 99
- 接纳冲突，辨析需求 100
- 来自教师的问题 101

在日常生活中指引幼儿发展 104
- 引导幼儿尊重自己的感受和体验 105
- 用行动去示范 106
- 给幼儿读图画书和讲故事 107
- 与幼儿用艺术舞动身心 108
- 参与传统文化活动 109
- 和动植物交朋友 110
- 经历完整而非片断的探究过程 112
- 来自教师的问题 113

第四章　让家长信服教师的专业 117

理解家长和自己 121
- 家长可能并没有准备好 122
- 家庭结构和家长成长背景发挥重要影响 122

- 我们所做的没有成为家长需要的   123
- 成为家长可及的人   124
- 理解家长的需求和化解抱怨   125
- 来自教师的问题   126

家园共育是在说什么   129
- 和家长讨论幼儿发展目标和原则   130
- 向家长介绍你如何与幼儿相处   131
- 在共同目标下各自做适宜的事   132
- 分享并讨论幼儿的发展   133
- 来自教师的问题   134

谈孩子的发展永远是最有效的   137
- 向家长解析幼儿在活动中的发展   138
- 指导家长在家庭和社会生活中保留发展机会   138
- 利用亲子关系实现相互影响   139
- 成为家长育儿的靠谱信息站   140
- 来自教师的问题   141

欢迎和吸引家长为课程做贡献   144
- 在课程实施中主动吸纳幼儿家长力量   145
- 设计家长在班级课程中的参与可能性   146
- 与家长协商提升其参与课程实效的办法   147
- 来自教师的问题   147

第五章　合力实践课程，成就彼此   151

增加交流的时间和机会   155
- 主动观察、倾听不同的教育伙伴   155

- 共同承担责任,达成默契　　　　　　　　　　156
- 在课程实践中相互扶助支撑　　　　　　　　157
- 借助信息化手段提升效率　　　　　　　　　158
- 来自教师的问题　　　　　　　　　　　　　159

共同为提升课程实施质量负责　　　　　　　　162
- 共同制订计划并实施、评价质量　　　　　　163
- 协同观察、增进对幼儿发展的支持　　　　　164
- 基于幼儿发展增进教育共识　　　　　　　　164
- 来自教师的问题　　　　　　　　　　　　　165

提出和解决班级课程实施的问题　　　　　　　168
- 探寻幼儿成长的秘密　　　　　　　　　　　169
- 做自己实践问题的研究者　　　　　　　　　170
- 持续聚焦问题,洞察本质　　　　　　　　　171
- 思索和探讨价值选择　　　　　　　　　　　171
- 来自教师的问题　　　　　　　　　　　　　172

发现自己、欣赏他人　　　　　　　　　　　　175
- 用"第三只眼"端详自己　　　　　　　　　176
- 寻找适宜的碰撞和对话者　　　　　　　　　177
- 管理、更新自己的知识系统　　　　　　　　177
- 参与并享受教研　　　　　　　　　　　　　178
- 丰厚自己,润泽他人　　　　　　　　　　　179
- 来自教师的问题　　　　　　　　　　　　　180

跋一　　　　　　　　　　　　　　　周洪飞　182
跋二　　　　　　　　　　　　　　　徐则民　183
后记　　　　　　　　　　　　　　　　　　185

第一章

选择用**课程领导者**的
方式去工作

你想做怎样的幼儿园教师

当教师遇见课程领导力

课程领导者是我？是我！

你必须抓住的关键改变

你想做怎样的幼儿园教师

如果有人问你：你想做怎样的幼儿园教师，你会怎么回答？可能会觉得奇怪，幼儿园教师就是教师的样子，要做教师的工作职责规定的所有的事，幼儿园教师就是一群在幼儿园和幼儿打交道的人，难道还可以"我说做怎样的教师，就做怎样的教师"？

的确，如果你心里真的有理想的、足够具体的幼儿园教师的模样，你可能就会努力地做那样的教师。我也问过一些幼儿园教师：你想成为怎样的教师？他们中很多人表示没有好好想过这个问题，或者思考得不够充分。但他们也并不是没有想过，而是认为这似乎并不重要，因为现实中有太多的事情需要他们考虑和安排，让他们来不及停下来想一想。

你可以选择成为你想成为的样子

生活中我们是不是曾经听到有人说："那时候，我就想将来也做那样的教师。"显然，这也许是一位曾经对教师的美好行为、形象或品质有过积极向往的人。你是不是也曾经有过这样的向往？所以，教师是有不同的模样，或者品质、特征的。有的教师带给学生爱和温暖，指引他们的发展，他们之间发生的故事在很长的时间里始终激励着学生，而也有一些教师却在学生的人生中找不到痕迹。当然，做教师，显然不追求从学生的"记忆"和"感谢"里找到存在感，但，我们是否把教师这个社会角色、这份社会给予的影响人的一生的特殊职业的价值发挥到最大限度,实现自己对自己的期待,才是最重要的。这是我们对自己教师生涯的一种承诺。不管你处在教育者的哪个阶段,问自己这个问题,有助于我们审视自己走过的路,并做出可能的改变。

他人和我们眼中的样子

典型的幼儿园教师的形象是怎样的?通常来说,人们大约会这样来描述幼儿园教师的模样:这是一群喜欢幼儿的人,生动有活力,把大部分的时间花在和幼儿打交道上,无微不至地关怀幼儿的健康,耐心陪伴幼儿的成长。他们学习过关于培养幼儿的知识,还在不断进修、学习。他们也和每一个幼儿的家长打交道,因为幼儿是他们和家长共同关心的人。他们在幼儿园里精心为幼儿准备丰富的玩具材料和环境,组织幼儿开展各种活动,忙忙碌碌的劳累中也有和幼儿相处的幸福。这是否和你对自己作为幼儿园教师的描述有几分相似?

但我想,遇到这个问题,作为幼儿园教师,你的脑海中一定会有自己的画面。你一定会说,做一名幼儿园教师,远不止于此。做一名专业合格的幼儿园教师可不容易,它需要一个很长的学习和实践锻炼的过程。幼儿园的孩子和中小学的学生很不同,幼儿园的课程也和中小学的课程很不同,而你是那个把课程经历和品质握在手中的人。幼儿园教师不像小学教师那样给学生上课,而是整天都在组织孩子的室内、户外的玩耍和开展各种活动,包括吃饭和睡觉。我们还观察和记录幼儿的发展表现,书写案例故事,为幼儿准备活动环境和材料,和家长沟通关于幼儿成长的各种事项,还要开展各种教研、研修、课题研究活动,因为,在我们的工作时空里,还有远比这些外在的、表面的感受和场景要深入得多的内涵,包括我们坚信的幼儿园教师的专业性。这种专业性把我们和从事其他职业的人区分开来……看起来,我们正在做的是一种更为丰富、复杂的工作。这一切的确已经够忙碌和充满挑战了。但这似乎还没有把幼儿园教师究竟是做什么的说明白。

那些隐藏在教师角色背后的东西

我想,就是还有一部分不太能被别人看见的东西并没有被揭示出来。比如,幼儿园的活动所构成的课程是指向幼儿发展的,也就是有课程的目标,如何让我们自己在那些"看起来每日重复"的各类活动以及它们纷繁复杂的样态中不至于迷失,让所做的一切坚持和幼儿发展密切关联。当我们面对不断变化的外界时,怎样才能既与时俱进又保持幼儿一日生活的自然而然。我们如何才能在日复一日的工作中找到自己作为教育者的成就感和价值感。如果一位教师以三年带一个班级为一个循环,那么她在从事幼教的 30 年里可以陪伴 10 个班级孩子(大约 300 个)的成长。你会把这看作是时间的消耗,还是自信骄傲地认为那是参与 300 个鲜活生命成长的荣耀?

不管处在幼教生涯的哪个阶段,我们都可以有一个关于未来的设想:当若干年后即将退休离开幼儿教育这片场域时,你会是怎样的心情?拥有怎样的感受和体验?会如何评价自己作为幼儿园教师的经历?这会把我们引向一个更客观的判断场景:我度过了怎样的幼教生涯?收获了怎样的生命体验?相信站在假想的未来,你一定会作出更为简单而明确的判断,在长期持续的课程实践中主动去做一个对幼儿发展产生积极影响的人,做一切有助于幼儿健康成长的事。这就切中了课程领导的核心。

Q & A 来自教师的问题

Q1:最近这两年我确实问过自己"想做什么样的幼儿园教师",我原本想要

和孩子们相伴学习成长,可是现实中经常在应付杂事,也很少沉下心来陪伴孩子们并和他们深入地沟通,我觉得自己不是曾经想要成为的教师了。现实真的能改变吗？

答：带着对幼儿园教师职业的理想开展幼儿园的工作,是一件分外美好、幸运的事。但是我们很快就会发现,除了那些美好的成分,我们的工作中的确有一些不得不面对的现实状况,除了幼教专业带给我们的挑战,可能更多的是来自若干其他方面的困扰。可以说这世界上的任何一项工作都是由美好和不够美好的成分共同构成的,我们能做的,是尽早去发现和识别这一切,然后用自己的办法使其中美好的成分更多一些,让那些看起来不得不忍耐、承受的琐碎或者不相干的事的比例小一些。这也正是我们当下提出教师要成为幼儿园课程领导者的根本缘由之一。只有教师主动追求成为一个为幼儿的发展做出积极贡献的人,他才不容易迷失在那些琐碎和无奈中,他会直觉地选择做那些对幼儿发展有益、让自己幸福的事。所以,在工作中去持续确认,我们想成为怎样的教师,想怎样为幼儿的发展而做出真实的贡献。我们要做的不是把自己和现实隔绝开来,而是主动成为更美好的现实的一部分,然后就会发现,其实我们能做的远比我们以为的要多得多。

Q2：我想成为"好教师",但是对于"做怎样的教师"感受比较模糊,怎样才能知道我想成为怎样的教师呢？

答：的确,成为"好教师"是一种对于"自己做怎样的教师"的抽象化、概念化的描述,但这两者有区别。前者强调的是一种独立于教师个体之外的外在标准,而后者更强调作为教师基于对自身的理解而形成对自己的期望。当然,如果这两者能自然统一,那是最好的。我们经常被要求成为"好教师",而没有被允许和启发去思考："什么样的教师是足够好的？我想成为怎样的教师？"如果被允许有这种讨论和深入思考的机会,一定会有属于自己的、更为个人化的发现,这时候,我们陈述的可能就不是那种抽象和泛化的教师形象了,而是可能更多地直接和自己平时在做的事,以及做事的方式关联起来。所以,追问自己很重要。同时,也可以向外部寻求一些助力的资源,比如你内心真正认可的榜样是谁?你真心欣赏他们的什么方面?当他们面临和你同样的境遇时他们是如何想的、如何做的?这时的我们,不是单纯地"仰望",尤其是不能在对比中折损自己,发现"自己和他们不能同日而语",而要设法将他们"作为镜子来'照见'那个你期望成为的自己",所以,认真地学习榜样,尤其是身边的活生生的榜样,是一个发现自己、把自己引向更想成为的教师的过程。没有人在接触幼教的最初就把自己想要成为怎样的教师想得非常透彻,这是一个躬身实践和反思确认的持续过程。

当教师遇见课程领导力

你是在哪里遇见"幼儿园课程领导力"这个词的？也许是在《幼儿园课程领导力在生长》等书籍里，也许是你的幼儿园正在参与课程领导力的行动研究，也许来自他人的讲述或文章。那么，幼儿园课程领导力到底是什么呢？让我们来看看它的含义：幼儿园课程领导力是园长、教师等课程主体，主动追求课程愿景和课程目标，在实践中相互协同，合力解决课程问题，推动幼儿园课程不断优化，最终促进幼儿发展的力量。

具有课程领导力的教师的实践有着三个特别之处。

以追随和实现课程目标为导向

在实践时，他们想着课程愿景和课程目标。课程领导力有明确的方向，它始终朝着课程愿景和课程目标迈进。课程愿景，就是我们所向往的幼儿园课程的样子，它是课程实践的北极星。课程目标，就是幼儿的发展目标，它是幼儿培养的指南针。

作为教师，我们常常会思考一个个具体的活动如何做，比如活动目标的制订、重点关注哪些方面、预期的效果等等，而有课程领导力的教师还会思考每个活动与课程的关系，这就是教师的"课程意识"。他会想：这个活动体现了课程理念吗？与哪些课程目标有关？活动满足班级幼儿的发展需求了吗？现在，不妨回想一下：我们幼儿园的课程目标是什么？我们想培养怎样的幼儿？如果一时想不起来，我们也可以在幼儿园的课程实施方案中去找到它。

不过，仅仅找到课程目标是远远不够的，我们还要主动地去追求它、实践它，更要参与优化它。如果你刚刚开始关注课程目标，那么就从理解、追求和实践它入手吧；如果你已经对课程目标有了完整、深刻的认识，那么把课程目标变成你和搭班老师、保育员、家长，甚至和幼儿共同的追求，将是你的责任。

在实践中敏锐地发现和解决问题

具有课程领导力的教师的发力方式是"在实践中主动发现和解决课程问题"。课程实践中经常会遇见各种"问题"，大到幼儿园设置的活动需要调整，小到运动中孩子们因为观察蚂蚁而忘记了锻炼、娃娃家里孩子们为谁来抱娃娃起了纠纷……面对这些问题或状况，你是如何思考和行动的？这一切的发生，恰恰提供了思考和发展的机会，如果我们顺着这些线索去深入分析和探究，也许就找到了这些问题和课程目标的关系，让我们把注意力和行动力落到了实处。

就拿娃娃家里抢着抱娃娃的两个孩子作为例子吧，这时候有课程领导力的教师会先问自己：孩子的表现说明他们在社会交往上的发展水平是怎样的？他们的发展需求是什么？课程目标中关于幼儿社会交往的发展目标是什么？想明白这些问题后，再去思考方法策略。也正是在这个过程中，我们吃透、内化了课程目标，生长出了课程领导力。

坚持协同他人进行保教活动

协同他人是幼儿园老师的日常，比如我们常说的"两教一保""三位一体"，还有教研组一起研磨活动方案,和家长共同开展活动……我们能说出许多协同他人进行保教活动的例子,我与谁合作、做了什么,却很少提及我们与他人是如何达成共识的,也很少会在协同中与他人讨论课程愿景和课程目标。而这些恰恰是协同他人很重要的内容——观念的协同。俗话说:心往一处想,劲往一处使。当我们与他人在秉持的立场、幼儿园的课程目标方面达成共识,那么大家使出的"劲"就会凝聚起来形成合力,推动幼儿园课程不断优化,更好地支持幼儿发展。

那么,如何实现观念的协同呢?我们可以和身边的老师、园长讨论对课程目标的理解,也可以结合具体的活动和家长聊聊其背后体现的课程目标,说说希望活动可以为幼儿带来怎样的锻炼和发展机会。同时在面对课程问题时我们也要记得协同他人,避免一个人苦思冥想、孤军奋战。当然,"他人"的范围很广,只要是与幼儿发展相关的人,都有可能成为我们协同的对象。而我们班上的孩子,绝对是我们重要的协同对象。

课程领导力不是简单扩大我们的职责,加给我们一些额外的标准,而是让我们重新审视和整合自己的教师角色以及工作的范畴。对老师来说,课程领导力是主动追求课程愿景和课程目标的内驱力,是在实践中持续发现、面对和解决课程问题的行动力,以及协同他人的影响力。当思考和行动逐渐与课程建立连接时,我们就已经踏上了成为课程领导者的征程了。

Q&A 来自教师的问题

Q1:幼儿园目前职前和职后培训中缺乏"一线教师如何提升课程领导力"的相关内容,这也使得教师在投身课程实践中学习和反思不足,应该如何解决?

答:幼儿园教师的课程实践随时都在发生,并且是持续的、反复的,其间充满了无数的发展可能和机会,教师本身也在反思和不断进步。我们提出提升教师的课程领导力,其实是完全嵌入在教师的具体可见的实践行动和思考中的,而不是单纯的、抽离的知识的学习,更多的是结合实践展开意识层面的学习,对教师时常从具体工作中抽身并审视自己提出了比较高的要求。同时,我们的持续研究还对教师的课程领导力的重要内涵作了关键的梳理,提供给大家学习。撰写这本书的过程,其实也是我努力转化这些年的相关研究和思考,为幼儿园教师提供一种支持大家学习的内容和方式的过程。值得提出的是,相关的知识和别人的经验总是外在的,而要让提升课程领导力成为现实,离不开教师自己真实的选择和切实的行动。行动的过程以及它带动的思考,会为每一位勇敢的实践者提供更广阔的视野和更广泛的选择机会。缺乏行动、只停留于纸面的"以知道为目的的学习",很可能禁锢改变的脚步。

Q2:还有哪些途径可以了解关于提升课程领导力的知识?有没有贴近教师的相关案例和资源?

答:伴随着上海市在提升幼儿园课程领导力方面的坚定探索,我们已经收获了非常多鲜活实践的案例,更涌现出一大批有理想、有洞见、充满活力、愿意实践的园长和教师。他们是研究探索的参与者,也是我们收获的成果,更是我们向更广大的幼儿园分享研究和实践经验的优质资源,他们也不遗余力地做着积极的辐射工作。期望你有一天也有机会遇见他们。另外,还在不断出版各种研究成果,例如《选择、行动、对话——向幼儿园学提升课程领导力》。而您手上的这本,也是最新的一本。它们都力求贴近教师,让教师们觉得"好看",一是"看得懂",二是"质量高"。同时,我们还在"上海教研"微信公众号上开发了系列音频资源:"和幼儿园教师聊课程领导力"和"故事汇:为幼儿园课程领导者画像",每个音频大约10分钟,也有文字呈现,深入浅出地呈现丰富的案例和解析,听者可以利用零碎的时间通过收听音频获得相对系统的学习。

和幼儿园教师聊课程领导力

故事汇:为幼儿园课程领导者画像

课程领导者是我？是我！

当我们说起"幼儿园课程领导者",作为教师的你首先会想到谁？是园长、保教主任、课程主管这些被大家视为"领导"的人,还是特级教师、在市区教育评比中获得奖项的成熟教师,抑或经常有机会参加幼儿园各种重要事项讨论的那些骨干教师？

幼儿园课程领导者并不是一个头衔,而是一个主动选择的实践课程的角色。无论你的工作年限长短,或者你的职务高低,哪怕只是一个刚入职的幼教新人,都可以通过改变想问题、做事情的方式,成为幼儿园课程领导者,在自己的岗位和工作职责内,主动发挥你的专业能力和影响力。

那么,作为教师,我们为什么要选择成为课程领导者呢？因为我们是离幼儿最近的人,对幼儿的发展有着重要影响。当我们期望幼儿在幼儿园获得生动活泼的发展,那么就必须强大我们自己,让自己成为对课程实践有理解、有追求、有反思的教育者。华爱华教授曾提出:幼儿学习与发展的主动性越强,说明老师的课程领导力越强。不仅如此,选择成为课程领导者还因为我们是课程的主体,是课程的主人,幼儿园的课程愿景需要我们的实践、需要我们和幼儿的共同创造才能实现。

在我们有了这份成为课程领导者的确信后,那接下来要怎么做、该从哪里入手呢？我想,有两个方面是必须关注并参与实践的。

一是作为班级课程运转的"灵魂人物",深入自己班级的课程实践,我们要把幼儿园的课程目标落实到每个幼儿的发展中。比如和搭班老师共同确定班级幼儿的培养目标,和家长讨论每个孩子的发展目标,邀请保育员、家长参与班级计划的制订……当然,还要努力协同班级里的幼儿,把课程目标转化成幼儿自己的学习和发展目标。听到这里你也许会想:幼儿年龄那么小,真的能明白这些目标吗?不如先抛开这个顾虑,做做看,比如用幼儿能够理解和乐意接受的方式,结合具体的事情,向幼儿表达老师对他们成长的期望,真心诚意地欣赏每一个幼儿的独特成长过程。这些尝试会帮助幼儿从被动的"要我学"走向主动的"我要学",他们会关心自己学得怎么样,并思考如何改进,也会逐渐明晰自己要成为怎样的人。

二是参与幼儿园课程优化。我们主动结合本班幼儿的发展需求共同实践课程,这为幼儿园的课程带来实施的多样性,为幼儿园课程发展注入活力。同时,我们的课程意识和行动,不可能脱离幼儿园课程理念的内涵、课程结构和内容、实施、评价、课程制度这些课程要素,我们其实一直都在协同幼儿园里的其他人追求课程目标,并对其进行优化和完善。比如:共同讨论并明晰幼儿园课程愿景和目标、为幼儿园课程实施方案编制提供实践证据、主动支持对课程实施有困惑的同伴、对幼儿园课程改革提出想法、基于课程问题进行课题研究……你看,无论是班级中幼儿的发展还是幼儿园的课程发展,都需要我们具有并发挥课程领导力。

其实,当我们选择成为课程领导者,我们自身的状态也会发生变化:我们会因为享有更广阔的思考和实践视野而变得更好奇,愿意探索和学习那些能让幼儿获益的各种理念和事物。我们会更坚定自己的教育选择和价值,将课程愿景内化为教育信念和主张,面对纷繁复杂的信息,我们也不会迷失方向。我们可能也会变得更开放,看见自己以及团队中每个人的力量与贡献,同时,对待课程问题的态度也变了,问题在我们眼中从阻碍和困难变成发展的契机。

作为教师,我们可以主动为自己作出选择,成为幼儿园的课程领导者。在班级里,我们协同教育伙伴和幼儿,共同实现课程目标;在幼儿园,我们协同更多人，一起成为幼儿园课程的活力源泉。在日复一日的专注、主动课程实践中，我们也将汲取并充满力量。

没有脱离课程实践的课程领导者

幼儿园的课程领导者就是一个个生动实践和演绎幼儿园课程的我们，包括教师和园长。只要我们把自己视为追求幼儿园课程目标实现的主动实践者，坚持主动地思考和参与课程实践，敢于着眼幼儿的发展，勤于思考、积极尝试，勇敢地作出自己在思想意识和行动上的选择，坚持以幼儿是否通过课程获得发展支持为判断，我们就是幼儿园的课程领导者。其实，每一位教师都有成为课程领导者的可能，只要我们不满足于成为"教书匠"或"带孩子的人"，而是选择通过主动思考和实践，充分发挥自己作为教育者的主体性、能动性，具有主动探索和解决课程问题的意识和行动，就能为自己的教师职业和身份赋予新的实践意义和价值。

并非特定的研究或项目才能助你成为课程领导者

你可能会问，我知道上海市提升幼儿园课程领导力的项目研究中，各个参与的幼儿园都有它们精心挑选的研究项目和名称，有特定的研究目标和具体内容，化解幼儿园各自关心的优化课程的问题。我作为一名普普通通的幼儿园教师，是不是也需要通过设立研究项目、开展特定的研究，才能获得锻炼的机会呢？如果是的话，该选择怎样的研究呢？其实，作为教师，我们并不需要特意为自己设立研究项目，但是一定要深切具体地开展课程实践，关心自己班级幼儿的发展，关心自己班级课程实践中的真问题，抓住现象分析问题的本质。通过和相关的人一起用实践去化解问题和困惑，改进自己的课程实践和对实践的认识,并在这个过程中,积累和增加自己作为教育者的信念和专业能力、收获专业自信,敢于挑战自己,作出新的课程实践探索。这样的过程将有助于你成为幼儿园的课程领导者。

课程领导力可以通过学习获得提升

你可能会说:幼儿园课程领导力是无形的,"只可意会、不可言传"。其实它并非神秘不可捉摸,它是有形的。它的形就化在无数教育者的课程追求的思索和实践行动中。也正因为它存在于教育者的无数价值追问、变革行动、问题辨析等当中,所以能够被我们发现、看见。另外,我们完全可以通过相关途径去学习并获得课程领导力的提升。比如,通过阅读相关的研究成果了解课程领导力的内涵、特征,我们的研究已经有了比较确定、相对系统的介绍和解说。更可以结合学习的过程,观察和辨析具有课程领导力的幼儿园、个人是如何工作、如何思考和化解问题的,我们也不缺少生动的案例和榜样,可以主动地学习和模仿他们。更为重要的是带着自己也能成为课程领导者的期待,勇敢地在自身的课程实践中,转变看待问题的视角,作出改变的行动,塑造自己思考课程目标、优化课程行动、解决课程问题的习惯,从而让幼儿园的课程经由自己更好地为幼儿发展服务,将自己淬炼成为一名追求幼儿培养目标和理想愿景的反思型课程实践者。

Q & A 来自教师的问题

Q1:我是教师,也是幼儿园保教主任,感觉岗位不同,"课程领导"的内容会各有侧重,但是两个角色又有共性的指向和困惑,应该怎么理解?

答:这是一个相当好的问题,看得出来你已经对课程领导有一些学习和领会。的确,幼儿园教师和支持教师实施课程的相关管理者,包括园长、保教主任,甚至教研组长因为各自角色赋予的工作内容和方式的差异,在提升课程领导力上各有一些侧重,但更重要的是共性。例如以幼儿发展为根本追求,以协同他人为实践的基本方式,这恰恰是幼儿园里不同的人能够构建起一个"课程领导共同体"的重要基石,共同体最重要的一点就是其中的成员有着共同的目标和价值追求。这是幼儿园不同岗位的人能凝聚在一起持续地为着幼儿的健康发展而展开各项活动的基石。作为保教主任,你已经意识到你和教师们是统一的、站在一起的,两者是不能分离的。比如:我们如何理解"风霜雨雪皆课程"?对于与家长达成共识这件事,我们可以怎么做?而实际上,只有当这样的选择是我们经由实践和探讨而共同作出的,这件事才有了真正落地实现的可能。

Q2: 感觉"用课程领导的方式去工作"很理想化,实践中似乎很难做到,幼儿园保教管理者如何支持教师用领导者的方式工作?

答:有的教师会羡慕"在别人幼儿园可以用这样的方式去工作",却感觉在自己身上做不到,"说白了,我有课程领导力的表现不一定会得到支持",这的确是一种令人不甚满意的状态。但我们研究它,就是为了让越来越多幼儿园里的教师、园长都可以用课程领导的方式来展开自己的课程实践。教师是一个个鲜活的、富有情感的实践个体,他们的行为和思考模式一定是受幼儿园实际的运作规范和要求影响的。所以,如果教师感受到用课程领导的方式来实施课程不被支持,那就说明幼儿园的课程生态存在缺陷,让教师的主体性受到了制约,活力被压抑了,无法伸展。所以,如果要教师拥有课程领导力,以园长为首的课程管理团队就要确立"为教师自主自信实践课程服务"的观念,创造教师自主实践课程的空间,呵护教师的活力。这是一个值得我们深入分析和探讨的话题,好在我们已经有了很深入的研究,也积累了非常多的实践经验,让我们期待另一本专门探讨园长和管理团队课程领导力提升的书,它已经在来的路上了。

你必须抓住的关键改变

如果一位普通的幼儿园教师想要提升自己的课程领导力,实现成为课程领导者的转变,或者他原本就想做这样一位教师,那么就需要作出一些关键的改变。"关键"就是分外重要,这些改变带来的是与以往不同的选择。

改变从来都不容易发生。因为改变不仅包括重新选择对自己的期待,而且,必须克服原有的、已成习惯的工作方式和思考方式对自己的困扰。改变之所以难,就在于要主动去对抗惰性和习惯,不让自己落入原有的思维和行动方式中。当遇到任何一个具体场景的时候,都需要重新审视并面对它,作出新的确认。这是我们作为教师跳出舒适圈的一种主动努力,一种在相似情境下的应对方式的更新,这要依靠自觉、艰苦的锻炼,当然,这种锻炼将会使作为主动的教育者的我们目标更为高远、视野更为开放、选择更为多样、行动更为自信自由。

好在,当我们想要改变的时候,并不缺少机会。因为每一位教师的课程实践都充满了大大小小、稍纵即逝且经常循环往复的现象和机会。我们一旦准备好改变,永远会和这些机会再次相遇,就看你准备在什么时候开始行动。这些行动可以起于很小的开始,比如,当你发现幼儿吃饭特别慢,当你在犹豫下雨天是否要按照计划开展户外活动,当你发现不理解幼儿的行为表现,当你和搭班老师在活动开展上有不同的想法,当你遇到热情的家长想来班级做志愿者……你会怎么想,更会怎样做?

这些关键的改变包括:

把聚焦幼儿发展作为第一要义

作为幼儿园教师,我们把幼儿发展视为工作的目标似乎天经地义,很多教师也自然而然地在写文章、演讲发言时把"以幼儿发展为本"的理念和语句放在前面。而事实上,真正把握、关注幼儿发展的内涵,切实以此作为行动的指引,以此判断我们所做的一切事情的成效,才算真正做到了"以幼儿发展为本"。单纯停留在语言和文字上,是最缺乏说服力的一种方式。

幼儿园的课程目标,其实就是幼儿园工作者对幼儿发展的期望。我们要关注每一个"熟悉而具体"的幼儿。我们可以简化自己的做事标准,让所有的事情都以"幼儿是否获得发展"或者"幼儿是否获得更优质的发展机会"为判断依据。优化课程和实践是为幼儿发展提供更好的条件、环境和资源,编写课程实施方案是系统梳理我们选择的价值和实践,研究课程资源配置是为了满足幼儿发展的需要,研究课程制度是为了激发每一个教师课程实践的主动性和幸福感,并造福幼儿;通过观察、了解幼儿,确定自己作为教育者的角色,并做出课程选择;基于幼儿的发展表现进行反思,以及在反思之上的反思,都是设法去触碰真实和本质,帮助我们矫正通过想象做出判断的行为。尤其当我们遭遇或身陷困境时,一旦选择放下那些繁文缛节,目光回归到幼儿发展上,往往就会重获轻松上路的勇气。

把协同他人作为重要策略

幼儿园是一个专业的为幼儿健康成长而建造的地方,有不同的人在其中工作,包括园长、教师、卫生保健员、保育员、营养员以及其他的教职工,这是为了同一个目标走到一起的一群人。这个目标就是实现每一个幼儿的健康成长,而幼儿园里各种不同角色、责任、工作任务的教职工就是共同实现这个目标的大团队。幼儿所在的一个个班级，就是教师和保育员构成的一个个小团队，各自承担着培育一群幼儿的任务。正因为需要实现共同的目标，所以我们必须协同他人开展课程实践工作；也正是因为我们任何一个人都不可能单独胜任这项复杂而具有挑战性的长期任务，所以，协同是必须的。这种协同不仅仅是行为上的相同或一致，更重要的是思想观念、基本价值观、方向、原则的认同。在这些认同的基础上，不同的人即便角色和分工不同，也会自然产生协同，从而更好地、长远地共同服务于幼儿健康成长这个大目标。

我们要设法改变在课程实践中单独去设想和安排工作的习惯，凡事在自己主动思考的基础上，不忘记去倾听那些需要和我们合作、共事的人的想法和声音，了解他们的期望，从而把他们的力量整合进我们的大事业或者小事情中，让培育幼儿的过程变得更有方向、更有力量、更为顺畅。

把研究问题作为持久的动力

我们说课程领导者是主动发现和提出问题的人，不仅如此，他们还用自己坚韧的实践行动去解决这些问题，不仅让教育得以更好地开展，也让自己获得对教育问题的更高、更新的认识。和一般的满足于执行规定的人不同，具有课程领导力的教师，是具有课程意识、儿童发展意识、问题意识的人。他们总能发现自己的教育实践中那些有趣或疑难的情形，敏锐地抓住这些机会，思考为什么，是什么在产生影响，并且积极地去试验，用伴随自己行动的思考，贯穿自己探索教育规律的全过程。不断研究并解决自己遇到的问题和疑难，是这样的教师工作和发展的动力。

这样的教师往往是那些能从司空见惯的现象中提出反问和追问的人，经常是那些提出若干设想并积极去尝试和感受成效的人，也常常是能够结合自己的观察和实践和其他教育者深入探讨的人,给出实践方案思路和路径选择的人。他们思维活跃,充满生命活力,经常给他人带来启发。这是具有主动性、创造性的教育者的优良状态,会让搭班教师和他周围的人,包括班级的幼儿,获得鲜活的生长力量。所以,教师要做一个喜欢提出问题并解决问题的人,尝试关心自己班级中值得思考和改进的问题,不放过任何一个值得思考和讨论的机会。问题不是给我们制造了阻碍,而是为我们提供了变得更好的契机。

把自我省察嵌入课程实践

幼儿园教师是一份需要热情,充分发挥主体性、创造性的职业,从事教师职业的人,往往也更愿意看到自身的价值和作用。但人们往往对幼儿园教师有一种不自觉的"轻视":成天和小孩子打交道的人,能懂得多少知识和理论,能深刻到哪里去?甚至不少幼儿园教师也认为这就是自己的模样。其实,作为幼儿园课程领导者的教师,恰恰会打破偏见和成见,用简单、朴素的反思性实践塑造出一个深刻、有丰富专业内涵的教师形象,举手投足、言传身教之间都会展现高度专业的教师形象。

幼儿园的课程与活动,并不会因为我们的对象是幼儿就显得"小儿科",反而会因为我们足够充分地认识和尊重幼儿的独特,才显示出我们的专业性。我们更为谨慎地追问自己和幼儿互动的方式和适宜性,省察自己在幼儿成长过程中究竟发挥了怎样的作用和影响:"我是谁?""我是如何做幼儿的教师的?这符合我对教师价值的期待吗?"而这一切,都不是脱离我们所做的一切进行的,而是自然而然地在和幼儿相处、互动中开展的,是伴随着我们实践做教师的过程产生的。

自我省察是一种状态,教师随时保持对幼儿发展的敏感,也对自己头脑里感觉到的各种情绪、念头保持警醒,始终把自己的思考、行动和周围正在发生的事情关联起来,加深对自己、对教育的理解和把握。随时随地研究自己发挥教师价值的方式以及影响,不仅是师德的要求,也是教师个人职业生命成长的需要。它有助于教师生长出自我效能感,更有助于我们成为更为丰满、完整、自然和谐的教师。

Q&A 来自教师的问题

Q1:我的幼儿园没有参加过提升课程领导力的研究,我可以学习提升自己的课程领导力吗?

答:教师当然可以通过学习提升自己的课程领导力。我们开展研究,也是为了惠及更多园长及教师。研究已形成的相关成果有很多,也有很大一部分已经转化成了便于我们普通教师自学的内容,包括生动的案例集,以及面向教师的系列音频资源。结合自己的课程实践来看一看他人怎么想问题、做事情,一定能从中收获很多。其实,我们每一位教师的日常课程实践很多,尝试去运用你通过学习获得的理解也很容易,关键就是要有学习和改变的意愿。

Q2:提升课程领导力,从哪里入手呢? 我是不是可以选择从某个研究的主题开始呢?

答:我们说,没有脱离课程实践的课程领导力,它就生动地存在于我们每一天开展的各类活动中,在我们思考和解决问题的过程中。也就是说,要想提升课程领导力,每一位教师都有条件可以随时开始。如果从自己正在或经常思考的问题开始,的确是一个明智的选择。因为,这时候你是有内在需求的,不仅仅是因为外在的要求而去学习并提升。我们非常强调教师主动改变。在尝试提升的过程中,我们只要把握住前面讲述的四个方面的关键改变,通常就能看到成效。比如,当你要做某件事的时候,先问自己,这件事会为幼儿的发展、幼儿在园经历带来什么改变？是对幼儿的当下和未来发展有益的吗？我如何才能协同其他人的力量来做这件事？等等。当你把这样的关键抓住，改变可能就开始了。

Q3：协同他人做事是凡事都要和他人商量吗？这是不是很没有效率？

答：在幼儿园的课程实践中，协同他人的必要性每一位老师都能理解，但是在实际做的时候，可能并没有把它作为一种根本的方法融入我们的意识中。我们经常能发现因为没有达成观念上的共识，造成行动上的不一致，影响了保教工作的成效，但很少从这个角度去分析原因，忽视了不同的人在一起做事时的心理影响因素。缺乏观念上的一致往往招致课程实践的失败。

但是，协同他人并非要我们在做每一件事情之前都去征询其他人的同意。它主要强调培育幼儿是一个相当复杂的过程，绝不是安排好"今天你主班，安排组织所有活动，明天换成我"这样一种简单的沟通流程。在共同追求的"幼儿发展"这个目标下，我们有大量需要相互理解、分工合作的具体工作，比如，因为认识到他人的参与对实现目标很重要，所以我们经常可以结合具体的实践场景交流各自的想法，彼此传递各自的立场、发现异同，找到可以达成一致的观点。例如，班级中的两位老师在外出春游时，一位觉得出于安全考虑不允许幼儿自带零食，而另一位认为应该允许幼儿自带零食从而让幼儿学习怎样为自己的外出做准备。如果没有通过有效的沟通，达成共识，就会影响活动效果。如果两位老师在幼儿的安全和生活自理能力的培养上达成共识，可能就会从幼儿的发展角度共同思考并讨论如何开展活动以更好地达成活动的目标。行动的协同首先是观念的一致，所以，这种功夫其实是花在平常的，要自然而持续地交流。

第二章

为支持幼儿发展
作规划和准备

准备着：关注和支持每一个

达成共识：培育怎样的幼儿

甄别并规划环境和资源

架构幼儿主动成长的时空

让"幼儿喜欢的"遇见"我们想要的"

设定课程实施的关键方式

准备着：关注和支持每一个

作为一名幼儿园教师，每当在新学年伊始迎接一个新的班级，你就将持续陪伴和引导整个班级的幼儿三年（或者说至少一年）的成长。但请千万不要以为这是一段很长的时间，幼儿的成长是非常迅速的，而你和他们相处、对他们的当下和未来产生积极影响的时光也会飞逝。

同时，你更要意识到，在这段时间里享有你的陪伴、支持的幼儿不是一个个模糊的影像，一个笼统的群体，而是 30 个具体的、鲜活成长中的生命。当你发现自己可以在他们最稚嫩、最具有发展可塑性的生命阶段参与他们的成长，甚至产生重要影响的时候，你是不是对自己作为幼儿园教师的职业产生了敬畏？

你面前 30 张生动小脸的背后，是 30 个活生生的家庭。孩子是每个家庭的希望，承载着这个家庭对未来最大的期待，每一个家庭的未来就构成国家和民族的未来。当你很自然地把每一个幼儿当下和未来发展、国家民族的未来连接起来，这份责任就显得又伟大又沉重，同时很可能作为教育者的使命感也产生了。作为一名教师，最重要的就是陪伴和成就每一个幼儿的成长，幼儿的成长也成就着教师的生命价值。"一个也不能少"，可以让我们更深入而具体地去实践教师的价值，推动每一个幼儿的发展。我们也可以这样理解，更公平而具体地参与到班上每一个幼儿的成长中，是更圆满地实现教师的专业生命价值的最大化。教师在他的课程实践中所能影响的幼儿越多、影响得越深入，那么教师的生命价值也就越大。优秀教师回望自己的教育生涯时，常常因为拥有不同幼儿成长中丰满而感人的细节和深刻的自我感悟,而体味到充实而幸福的感受。

所以,为了让自己能更主动、更有准备地迎接这一份不轻松的工作,确保自己在这几年里把关切的目光投向每一个幼儿,让每个幼儿都在你的关怀和关注下成长,我们必须为自己做足够的准备和安排。最重要的是,我们要在思想上做好准备,去真切地、公平地关注班级中的每一个幼儿的发展。只有当我们在意识上有这个心理准备,确认了自己开展保教工作要指向"每一个幼儿的发展"的基本选择,我们才可能确保日常的行动都是站在这个出发点上的,也才能自觉、努力地克服我们在教育中不太适宜的习惯。

你一定会问:我知道"关注和支持每一个幼儿"是对的,也真诚地希望自己朝这个方向去努力,但该怎么做呢?

你可以做出的新选择包括:

尝试描述每一个幼儿

拿出班级幼儿名册(如果是全班幼儿的照片更好),一个个地来回想,他平时是如何与我相处的?我了解他吗?这是一个怎样的孩子?他有怎样的特点?他的发展长处和弱势是什么?他在班级中的交往范围和方式是怎样的?他参与活动的方式是怎样的?当我们认真地在脑中"放电影",一定就会发现,哪些幼儿我们非常了解,哪些幼儿日常是被我们忽视的,我们可能对他们发展的不同方面有很多的"不知道"或者"不确定"。而此时,改变可能就已经在你的心里发生了,你会产生想要进一步去了解他的想法,可能还会自然在日常工作中,跟进观察他、和他交流。让每一个幼儿公平地进入教师的视野,是负责任的优秀教师最基本的工作方式,应该坚持。纵然我们的注意力必定会有一些"偏好",例如总是容易被那些"出挑"或"顽皮"的幼儿吸引,但当我们有意识地去强化自己"关注每一个幼儿的发展"的心理准备,那么一定能找到更为公平地分配我们注意力的方法和策略。

安排与幼儿单独相处的机会

尤其建议从那些班级中"默不作声"的幼儿开始,为自己安排一段时间专门观察他,听他和同伴的对话,看他在不同活动中的表现,和他说话或者一起玩……尝试改变总是无意中把很多时间用在回应那些"吸引人"的幼儿身上的习惯,不要任由我们的注意力被牵引。许多教师就是因为主动去观察了那些日常被忽视的幼儿,发现了一个幼儿成长的全新世界,经常有惊喜发生,教师发现幼儿原来不是自己认为的那样,甚至产生"恍然大悟"的感觉。幼儿的"哇时刻",其实就是教师因为增加了对幼儿的关注而发现幼儿原本的样子和力量的体现。当这样的过程越来越多,教师对幼儿发展的敬畏就会越深,发现"每一个孩子都值得被欣赏""爱也爱不过来"。这不仅是师德的体现,对教师本身更是教育,从幼儿身上获得的对教育者的启示,是教师专业成长的礼物。

在保教计划中关注"每一个"

当我们为班级制订学年或学期计划的时候,通常也会写班级情况的分析,但往往都是概括性地描述班级幼儿整体发展的情况,然后就开始按照幼儿发展的一般目标罗列下学期准备开展的各方面工作和具体事项了。当我们做这一切的时候,常常容易忽略班级中真实的每一个幼儿是怎样的,他们的发展需求到底是怎样的。当然,作为教师,我们通常对幼儿发展的阶段性、规律性是有一定了解的,我们也能制订出一份看似大体合理的发展计划,但是,如果我们带着关注每一个幼儿的意识,把对每一个幼儿的发展分析纳入书写计划中,一定会有更深入的发现和感触,这份计划会成为一份对幼儿、对自己的日常工作更有意义的实践指引。其实,把支持每一个幼儿的意识灌注到保教计划制订过程中,是确保你的注意力被分配到班级中每一个幼儿身上的"注意力规划"。这个计划,不是去安排你应该做的事情的内容和时间、方式,它的重点是确保你相对公平地在每一个需要关注幼儿的场合,提示或帮助你对每一个幼儿的发展足够了解,以便给予适宜的支持。

为幼儿做成长记录

很多幼儿园要求教师观察和记录幼儿的发展,也提供类似"幼儿发展成长记录册"的工作框架。这是一种结构化地呈现幼儿发展的工具载体。所以,利用好这些外在的工具,帮助自己有针对性地观察和记录每一个幼儿的关键成长和触动人的细节,增加对每一个幼儿发展的把握,以便和每一个家庭去深入沟通,为每一个幼儿发展制订有针对性的计划。在有的幼儿园,甚至要求教师带着每一个幼儿的成长记录册,和每个幼儿家庭围绕幼儿成长做面对面的沟通。这是一种主动的、更为专业的教育实践。这样的幼儿成长记录册,绝不应该是一种工作的"花哨"点缀,而是了解幼儿、教师成长、有效沟通的有效助力。

定期和幼儿家长逐一沟通

我们可以刻意地定期轮流与各个班级的每个幼儿家庭沟通幼儿的发展情况。当我们安排了要这样去做,就已经为自己分配足够的注意力到每一个幼儿身上创造了基础。沟通需要谈论幼儿的发展,教师必须掌握幼儿的发展表现和总体情况,甚至具体的细节。和每个家庭的沟通,是一种来自外部的督促,它保证我们会主动花一些时间和精力去了解某个特定的幼儿,汇总他的发展信息,并且思考如何与家庭交谈。这是一种很好的展现教师专业工作方式的途径。

如果教师养成了这样的习惯，不仅幼儿受到公平关注，家长也会感受到教师的诚意，并建立起对教师的信任。一些老师总是在幼儿发生特殊情况时才"不得不"和家长沟通，或者等待家长主动来沟通，这一定会造成关注视野的盲区。所以，教师要主动、定期和每一个幼儿家庭去沟通，迫使自己打破注意力的不公平分配。

Q & A 来自教师的问题

Q1：我似乎没有那么多时间……班级里那么多孩子，怎么关注得过来？

答：幼儿园里教师和幼儿相处的时间看起来是恒定的，似乎给这个多了，给那个的就会少了。思考如何在有限的时间里关注更多的幼儿，可能是一个对自己的保教工作作出新设计、塑造新习惯的契机。恰恰因为教师和幼儿相处的时间是基本恒定的、有限的，我们才需要对自己的注意力进行分配和调控，以保障每一个幼儿享受到来自教师公平的爱和关注。回避这个问题，才是一种敷衍。我们需要改变的是对原有工作方式、思维方式的依赖，而主动驾驭自己和幼儿的相处方式、自己的课程实践方式。

"关注和支持每一个幼儿"是教师可以主动选择的一种信念，教师一旦在内心中认可这一点，在行动上就会自觉作出调整。例如，在工作中安排更多的时间观察幼儿，和幼儿互动，做更多聚焦幼儿发展的事，和其他教师梳理持续收集到的幼儿的发展表现，商讨如何调整可能的活动以支持他们。关键是，我们愿不愿意作出"关注和支持每一个幼儿"的选择。

同时，要相信，作为陪伴幼儿成长的教师，最不缺的就是利用每一天的相处来了解幼儿、支持幼儿的机会。日复一日的幼儿园生活，充满了相似的重复。关注幼儿不在于一时，而贵在持续、自然而然。

Q2：关注每一个，是要为每一个孩子写个性化的发展计划吗？

答：为幼儿制订个性化的发展计划，通常都是出于特定的需要而做的，例如案例研究、个别矫治、对于有特殊教育需要的幼儿专门制订的教育方案等。在正常的幼儿园班级课程运行中，为每一个幼儿撰写个性化的计划，这既无可能，也无必要。

关注每一个，是作为一种思想方法而存在，一种教师的主动价值选择而存在，它可以落实在教师的各类具体教育活动和场景中。例如，在几名幼儿因为争抢玩具而产生矛盾的场景中，教师能做的并不是单独地教导产生矛盾的幼儿，指导他们各自该如何做，而是先认真观察幼儿在该场景中的具体表现，分析幼儿的不同特点，他们在社交意愿和能力上的表现水平，例如，有的幼儿比较强势，不理解他人也有同样的需求，有的幼儿被动顺从，有的幼儿知道礼让的道理但行为上做不到……教师通过观察和倾听幼儿的表述发现他们各自真实的发展水平和需求之后，在以后的教育过程中，持续、有针对性地给不同幼儿提供锻炼机会和教育指导。其实，就是因为教师不断在多种场景中通过观察和互动增进对幼儿特点和发展水平的了解，从而时刻准备着为他们提供必要、适宜的支持。

Q3：把时间平均分配到每一个幼儿身上就是我们想要的吗？

答：显然不是。关注和支持每一个，的确是要先保障幼儿在园活动机会、受到成人的关爱和关注的公平机会，但绝对不是把教师的时间平均分配在每一个幼儿身上，这在现实中也是无法做到的。而且，这也绝不是我们希望的"僵化"的理解，这样做肯定达不到支持每一个幼儿充分发展的目的。

提出对每一个幼儿的关注和支持，其实是针对比较普遍的只关注部分幼儿的现象，引导教师树立起"关注每一个"的意识。在做法上希望引导教师们把目光投向每一个班级中的幼儿，尤其是那些默默无闻、默不作声、"没有存在感"的幼儿。这是师德的体现，更是幼儿园教师专业素养和水平的体现。我们从优秀教师和幼儿的日常互动当中,随处可以见到他们利用幼儿在园一日生活的各种机会,和不同的幼儿随时沟通不同的情况,体现出他们心中装着每一个幼儿的发展、为幼儿发展创造机会的意识和专业技能。

Q4:"关注和支持每一个"与我们平时常说的"面向大多数"矛盾吗?

答:这两者之间并不矛盾,它们是在不同场合中使用的概念。关注和支持每一个,是一种观念的倡导,每一个幼儿都值得我们这样去做,都应该得到这样的权利,这是一种判断和选择。而"面向大多数",字面看起来似乎不需要考虑所有幼儿,只需要考虑大部分典型的、一般的、普通的幼儿。它通常是说在我们为一群幼儿设计某个活动时,要把握幼儿普遍的发展特点和规律,满足最大数量的幼儿的发展需要。幼儿发展有阶段性的规律,所以我们设计活动要满足大部分幼儿一般的发展需求,这是体现教师尊重教育规律,组织教育活动符合大多数幼儿的兴趣和发展需要。但这并不排斥关注和支持每一个。相反,我们的终极目标是要做到"关注和支持每一个",所以,在"面向大多数"的同时,决不能忽略、甚至放弃那些看似"不符合一般规律"的有特别的、个性化需要的幼儿,要专门想办法来满足他们的成长需求。

达成共识：培育怎样的幼儿

在幼儿园工作的人，是为了幼儿健康成长而集结在一起。但是我们大略知道要做什么，和我们有明确的工作目标非常不同。我们最大的共同目标，就是全心全意地培养儿童，所以，最重要的是确认我们希望培育怎样的儿童。

你是不是觉得，这个话题对于普通的幼儿园教师似乎太过高深了，很少有教师会主动、认真地去想。因为一般认为，有幼儿教育的专家们去想就可以了，甚至国家或者地方的幼儿教育文件中已经指出和定义好了。古今中外关于幼儿教育的理论和思想已经太多，轮不到我们来"指手画脚"。而且，我们即便有自己的认识和理解，又怎样呢？这会产生什么重要的影响和价值吗？其实不然，我们在这里谈的，显然不是希望普通的一线教师也去做幼儿教育专家、课程研究者做的事。

但老师们确实不能忽视我们自己的力量。因为无论多么先进、正确、理想、高深的目标，其实是要通过我们来实现的。只有那些真正被我们深刻理解、认同，并在实践中对我们始终有指引作用的话语才能真正发挥作用。我们要学习和理解的是国家的文件为什么这样写，专家们为什么这样说，进而思考，我也这样认为吗？这是一个追求共识的过程，我们在咀嚼、反复思考这些说法的过程中，逐渐清晰为什么我们要在培养幼儿上达成这样的目标共识。只有我们内心相信并认同，才有可能在践行。

你可以从以下几个方面尝试去做：

找到你心中理想的发展中的幼儿形象

这似乎是一个严肃的话题,但可以用简单的方式去讨论,比如"你认为理想的幼儿是怎样的?你希望自己培养出怎样的幼儿?""你希望班级的幼儿在毕业时有怎样的品质?"这其实是换种方式在追问,在我心里,什么东西是最重要的、不能忽略的?什么东西对幼儿的当下和未来尤其关键?什么是我们在幼儿阶段就必须给予孩子的?因为,这些发自你内心的声音,是你结合自己的生活、成长经验和对幼儿教育的理解做出的选择。这不是要老师们"说大话",而是倾听自己内心作为教育者对幼儿教育、幼儿园课程、幼儿发展的真实声音。

如果你一时难以用概括性的词汇来表述,也完全可以用具体描述幼儿表现的方式来讲给自己听。比如,当被问及心里理想的幼儿时,一位老师说:"一是孩子与孩子之间,相互喜欢,相互依赖,又独立而悦纳自己。二是热情活泼而彬彬有礼。三是充满求知欲,且各自有着自己的特长,例如有的擅长画画,有的擅长乐器,有的逻辑感强,有的感性而想象力丰富……"看,如此丰富、具体的语言,勾勒出她心里欣赏的幼儿形象。从短短的几句话里,我们就可以看出,这位老师对幼儿个体和同伴关系、交往互动、独特个性发展的期待。所以,当你走进她的班级,也能看见她自然而然就在做着这些事,支持幼儿成为这样的孩子。

找到对幼儿园课程目标的认同

你知道幼儿园的课程目标是什么吗?你们幼儿园有课程目标吗?课程目标在一定意义上可以等同于我们幼儿园的幼儿发展目标,它用清晰、简练的语句,向教师,甚至家长们呈现了我们的幼儿园想通过课程把幼儿培养成什么样。

我国的《幼儿园教育指导纲要(试行)》则从健康、语言、社会、科学、艺术这五个领域的教育内容与要求中各自呈现幼儿的发展目标。《3—6岁儿童学习与发展指南》对这些目标以及不同发展阶段的幼儿的典型表现做了更为具体的描述。《上海市学前教育课程指南(试行稿)》里明确提出：通过上海学前教育课程的实施，促进幼儿健康水平以及情感、态度、认知能力等各方面的发展，使幼儿成为健康活泼、好奇探究、文明乐群、亲近自然、爱护环境、勇敢自信、有初步责任感的儿童。

在学习和领会国家、地区对幼儿发展的总体期望之上，有的幼儿园也提炼、梳理出他们幼儿园自己的课程目标，甚至会把它张贴在幼儿园最显眼的墙面上，这样走进幼儿园的所有人，都可以直接看见这所幼儿园在追求什么。目标常会出现在幼儿园的课程实施方案这个重要的课程文本当中，你很容易就可以找到它。因为，它是幼儿园所有人在实践本园课程时的总指引，引领全园教师作出最重要的价值判断，指导教师开展课程实施和评价。

不知道你有没有机会参与对幼儿园课程目标的讨论，你可以问问自己，是否理解课程目标中的每一个词语的具体含义。这些语句对你的班级课程实践和操作是否具有指引的价值和意义？你是否能用自己的话语，对这些词句进行解释，或者举例说明你在实践中具体是如何做的？

尤其需要强调的是，我们作为幼儿园的教师，要主动学习幼儿园的幼儿发展目标，把自己对幼儿的发展期望和幼儿园的课程目标对照、结合起来，找到其中的一致性，帮助自己辨析和掌握目标的真实含义，从而更好地把握日常课程实践的价值和方向。追求幼儿发展目标的实现，是提升教师课程领导力的关键部分。不断聚焦幼儿发展，增强日常课程实践和幼儿发展目标之间的关联，是课程领导者最基本的行动选择。

倾听教育同伴的理解和期望

我们知道,幼儿的培育是一个不断追求理念和行动协同的过程,但每一个教育者都是不同的,有着各自的成长过程、所处的环境、拥有的资源,对人对事的不同态度和方式,所以每个人对于幼儿教育要追求什么,什么是有价值的,也一定会有认识上的差异,而差异就会导致行动方式和结果的不同。认识上存在的差异,可能是认识水平上的差异,也可能是价值选择上的差异。比如,有的教师认为幼儿在群体中成长,"文明乐群"太重要了;但有的教师并没有认识到幼儿的同伴关系、社交互动是目标的重要构成,在目标掌握上有缺失;而有的教师只是认识到幼儿之间友好相处是必须学习的技能,过分注重技能的指导而忽略幼儿的情感发展。我们在开展实践的过程中,一定要多关心和自己共事的其他教师如何理解目标,学习把握目标的真实内涵,并在目标的选择和确定上争取达成一致,形成一些共同的认识,这将有助于我们日常设计教育活动在具体发展指向上达成共识。

倾听幼儿家庭养育者的声音

幼儿来自不同的家庭,而幼儿家庭之间存在各种差异。家庭的社会经济条件,家庭背景和人员结构,家长的认识水平、育儿观念和习惯等千差万别,家长对幼儿发展的期望也是非常不同的。有研究表明,家庭对幼儿发展的影响远大于教育机构。作为幼儿园教师,我们必须充分尊重家庭的差异,在这个基础上开展尽量公平的幼儿园教育。尊重家庭的差异,首先从了解和接纳幼儿家庭的不同,尤其是对幼儿发展的期待上的差异开始。

当我们主动去倾听、了解家长对幼儿发展的期望,才能更真实地感受到一个个活生生的孩子的发展受到家庭最直接的影响,在幼儿的身上,寄托着家庭发展的渴望。同时,在课程中认真回应家庭对培育幼儿的希望,原本也是我们的保教实践的要求之一。比如,有大量外来务工人员家庭所在地区的幼儿园,家长对幼儿的发展期望,可能就与以上海本地区幼儿为主的幼儿园的家长有区别,他们可能更在乎对居住地归属感的养成。另外,某些民族的幼儿需要在集体中获得对本民族的观念和习俗的尊重。

作为课程领导者的教师,就是在遇到具体问题的时候,能够基于幼儿的发展需求和可能性,在倾听与幼儿发展相关的人的意见基础上,作出符合幼儿发展和利益的价值选择,并落实在行动中。

Q&A 来自教师的问题

Q1:有什么办法可以帮助我让理想的幼儿形象更加清晰、具体起来?

答:幼儿园教师的工作的确很繁忙且琐碎,我们几乎没有时间来好好思考这个问题。所以,首要的是给自己一些时间,问自己:人的哪些品质是我们自己最看重的?为什么?

或许你会觉得找不出头绪,那么可以去找幼儿发展目标来仔细品读,尝试去解释其中每一个词语的含义,甄别它与相似字句的异同,看看替换下来是否是同样的意思,又有什么区别。

或许,你仍然觉得这些概念化的内容对你来说还是太抽象和宽泛了,那么,还可以尝试去回忆,幼儿什么样的表现会让你发自内心地微笑、感动和感到幸福?这样的时刻,是什么打动了你?

你也可以去设想,你希望你自己的孩子(也可以是班级里的孩子)在 20 年后,是怎样的一种模样?我们发现一些教师经常会通过设想多年以后孩子的发展,来帮助自己决定当下该怎么做。一位老师说:"我笑着观察他们(幼儿),仿佛看到了 20 年后这群快乐的青年，干着家务、哼着小曲儿，享受幸福生活的样子。我们的艺术教育不就是要让艺术回归幼儿的本真，让音乐的美好滋养孩子的一生吗？"

你可以独自一个人思索，也完全可以和教育伙伴一起做，这样我们会相互启发，共同勾画出我们期待幼儿拥有的品质。

Q2：我怎样做才能让幼儿发展目标和班级日常的工作实际连接起来？

答：这是一个很好的问题。当我们阅读幼儿发展目标，会发现它们是一些描述我们期望培育的理想幼儿的语句。但我们在进入幼儿园开展研讨和观察时发现，有的幼儿园有明确的课程目标，但教师的行为却与它相去甚远，甚至背道而驰。我们知道应该用这样的关键语句来指导自己的实践，但每日组织幼儿活动时，经常会忘记这些目标，感觉它们和我们的活动之间的关系若即若离。到底如何做才能有效地在目标和工作实际之间建立起更确定的关系呢？

这转变需要思维方式。怎么转变呢？你可以做这样一些事：把幼儿发展目标嚼透以后放在心里，每当我们看到幼儿的某些表现时，就去思考，这说明的是幼儿在哪些方面目标上的发展？这就是主动把握幼儿发展目标。或者在每设计一个教育活动时，都去想一想，这个活动可以为班级幼儿提供怎样的发展机会？在活动中和活动后，去反思，这个活动实际上为我班级的每一个幼儿，提供了哪些方面的发展机会？

还有，也是最根本的，就是围绕目标去设计活动，提供适宜的课程经历。当我们想着 3 年的幼儿园生活都要培养幼儿成为"亲近自然"的孩子，那么我们就要在更长、更宽的跨度上去规划，幼儿园里可以通过组织怎样的活动增加幼儿亲近自然的机会？什么时间可以做些什么？这样再来安排和设计活动。即便我们发现幼儿亲近自然的片段没有出现在我们预设的时间和地点，我们也不会纠结，而会允许甚至支持它的发生，因为，我们心里知道我们希望培养这样的孩子。这就是教师的目标意识、课程意识和幼儿发展意识。

Q3：家长好像说不出想把孩子培养成什么样的人，我怎样做才能知道？

答：当我们直接问家长，或者用调查问卷去收集，你希望孩子在幼儿园获得怎样的教育、具有怎样的品质的时候，可能并不能获得明确的回答，往往是"快乐、健康、懂道理"等简单的话（其实这些也是目标），所以我们以为家长对把孩子培养成什么样的人的想法是不够具体的，家长们也许并没有想过。甚至有的教师会认为，家长把孩子送到幼儿园，教育就是由主要幼儿园承担的，和家长自己的选择没有太大关系，似乎家长的意见不那么重要。

但当你结合幼儿身边发生的具体情境来问家长，例如"当孩子偏食挑食，你会怎么认为和怎么做"？他们通常就能表述出自己的选择了。比如有的家长认为没关系，给孩子其他的食物替代就可以，有的家长认为应该让幼儿懂得合理食物营养构成的知识，有的家长认为孩子需要获得对饥饿体验的感受……其实这都反映了家庭养育者对幼儿发展需要和水平的认识，那么，作为教育者你如何看呢？你能从不同家长的话语中辨析出他们对幼儿发展的期望（或者希望获得怎样的教育）吗？如何在幼儿培养目标上和他们达成共识呢？这就是我们在课程实践中必须面对的具体问题。

甄别并规划环境和资源

作为幼儿园课程领导者的教师，无论如何都不可能不重视幼儿园的环境和资源。它们是幼儿生长于其间并和周围世界建立直接关联的媒介。甚至可以说，幼儿所处的环境、接触的资源品质基本就决定了幼儿成长的品质。打造课程环境就是带着课程意识来建设幼儿园的教育环境。我们要创设能够承载课程内容及实施方式的环境，整合相应的资源，才能确保保教活动顺利进行，使幼儿获得应有的课程经历。

不同于纯自然的环境，幼儿园环境是一个人工为幼儿的成长创设的、有计划和准备的环境，所以，这里我们绝对不是要人为削弱教师等关键成人的作用，反而是要强调成人主动为幼儿的成长专心准备的这一切。教师如何看待、创设、利用环境和资源，就界定了幼儿发展的可能性。

幼儿园的环境、资源主要是为幼儿的适宜发展而提供的，幼儿是这个环境的出发点和归宿，它们和幼儿发展之间的契合最重要。当我们考虑幼儿园环境和资源的时候，最智慧的方式是先搞清楚关键问题，即幼儿的成长需求和典型方式是怎样的？他们的成长需要怎样的环境？当我们为幼儿创设环境和提供资源时，如果不把使用环境和资源的人的需求放在首位，无论如何都说不上适宜，顶多是"随便做了一些环境"。哪怕这个环境是我们非常认真地从其他幼儿园、其他教师班级模仿来的，或者花了很高的价钱采购来的"很受欢迎、美观精致、科技含量十足、新鲜好玩的"。

如何判断环境创设是否适宜？最有说服力的就是观察身在其中的幼儿的表现。他们是安定自在、主动专注、忙碌愉悦的，还是局促胆小、注意力涣散、缺乏目的而无聊的。我们看幼儿和这些环境和资源互动时，要看它带给幼儿多少变化和挑战的可能性。环境和材料的结构化程度会提供给幼儿不同的发展价值。棋类材料和沙、水就是结构化程度不同的材料，结合我们对幼儿的发展期望，它们都是幼儿需要的，只是我们要考虑幼儿的发展特点和兴趣在不同场合和时段提供。

所以，千万不要以为"做环境"就是直接去做，正确的方法首先是认识幼儿是怎样发展的，他们在怎样的环境中更能自由自主地成长，想明白如何为他们的发展提供适宜的环境和资源。我们说创设课程环境，就是在紧密围绕这一点。脱离对幼儿发展的关注和追求来谈环境和资源的好坏是没有意义的。

所以，当有人和你讨论你为幼儿创设的环境和提供的资源的质量时，请不要急着告诉别人它本身有多好，而要去谈你的孩子们为什么需要它，以及是如何使用它的，它的存在和使用为幼儿的发展提供了怎样的适宜的可能性。这样做就能很好地避免让对话落入简单粗糙的讨论中，也可以避免内耗式的环境改造。这里再次强调：幼儿发展永远是我们的聚焦点，是判断课程实践品质的硬标准。

那么，我们必须说说幼儿通常在怎样的环境里能够更好地成长。当然，这一切的前提是排除安全和卫生隐患。隐患的意思，是指潜在的危险，是指不能被幼儿发现和认识到的那些因素。比如曾经装过化学物质、未被彻底清洁的瓶子，或者几近断裂但外表看不出损坏的梯子。凡是幼儿能够在自然的活动中发现和意识到的危险都不算是隐患，而是开展安全教育的契机。

充满自然元素和挑战

我们越来越发现大自然对人类的生存、发展的积极意义,这也是越来越多幼儿园引入自然元素的原因。创设富有野趣的幼儿园环境已经成为一种潮流。但我们不希望它浮于表面,深入的关键是主动为幼儿园环境创设嵌入幼儿发展意识。

身处具有大自然特征的环境中,有助于幼儿身心健康发展。幼儿喜欢户外的自然环境,在比室内要宽敞明亮的空间里更能释放天性,伸展身体的多种部位,触发多种感官,体验多样天气带来的舒适和考验,锻炼身心,自然环境中的动物、植物也为他们提供了积累丰富直接经验的多种可能。即便是在有局限的室内,我们也可以让环境中更多地呈现自然元素和状态,例如利用自然光线和空气流动,提供自然物给幼儿作为玩具和用具,多准备竹木、藤草、布料、纸张、石头、沙、水等具有多样质感、可循环利用的物品供幼儿日常使用,减少使用塑料等工业产品或物品。这些物品能提供更丰富的触感,同时有稳定和舒缓焦虑、烦躁情绪等作用。虽然相对比较容易损坏和消耗,却将环境保护渗透在幼儿的生活中。

有条件的幼儿园和教师,可以利用园外更广大的自然环境和资源为幼儿发展服务,只要做好必要的安全和清洁准备。让幼儿经常到树林、田野等易于获得的自然场域中去活动。有一些教师就经幼儿园的协调帮助幼儿获得了到社区花园活动的机会。在一些室内空间不足或者受到某些制约的情况下,教师更需要尽量想办法借助园外的环境和资源为幼儿成长服务。

能承受幼儿的正常"折腾"

幼儿园的环境和资源最重要的价值是为幼儿发展服务,最直接的方式是和幼儿直接互动，足够结实、耐用，能经受住幼儿活力无限，又创意无穷、思维和行动都无法"预料"的意想不到的任何可能性。不要因为顾及环境的美观、精致，以及材料的安全性，而不敢放手让幼儿进行探索。

幼儿身心发展快速，要充分允许他们用自己的方式来"折腾"，不要出于维护环境的担忧束缚幼儿的手脚。比如，除了必要的养草季节以外，幼儿园的草坪、山坡可以允许幼儿做任何锻炼和游戏。幼儿园采买的设施设备，要足够稳固结实。教师为活动创设的环境要充分考虑幼儿的年龄和活动方式，要考虑他们的活动水平和能力，而不能为维护环境的干净、规整限制他们活动。教师为幼儿提供（包括自制）的材料、玩具等资源，要考虑到幼儿活动的正常损耗，准备充足的材料以备替换。购买或制作那种丢失一小片就无法正常使用的成套材料是得不偿失的。用低成本的、易得的、能够被替代的材料是一种明智的选择。很多来自自然和日常生活的材料就有这样的特点。

环境和材料要能承受幼儿正常活动所带来的结果。让幼儿身心自由、感官开放、身体灵动地在环境中获得发展，是我们为幼儿提供适宜环境的最主要考量。引导幼儿爱护环境、珍惜资源的同时，也要放手让他们在其中自然地活动。经不起幼儿折腾，或者维护成本过高的环境创设和材料，最好不要使用。

放手让幼儿掌控和决定

幼儿园的课程实施离不开环境空间和物质资源，但这让园长、教师们下意识中有一种认知：我们是那些环境创设和资源提供的负责人，是它们应不应该存在、怎样存在以及如何被使用的主宰。因此，我们通常会为幼儿设定环境怎么分区，材料如何使用、怎么摆放和收纳，甚至还要为此安排专门的规范以便检查。这其实是教师带着对幼儿具体活动过程的要求在期望幼儿合理使用环境和材料。

但从课程服务于幼儿发展的视角来看,要发展幼儿的主动性,必须允许幼儿通过活动来感受自己和环境与材料的关系,允许幼儿对环境和材料作出多种可能的探索。所以,教师不能以环境的主人、管理者自居,而要在为幼儿创设了基本条件之后,允许幼儿有接触它们的自由,允许幼儿用他们各自的方式去与环境产生连接,从而获得多方面的刺激和锻炼,产生心智活动。如果我们把幼儿与环境互动的方式完全规定好,那只是提供了一些既定的规则在训练"木头人"。虽然有时候经过老师精心创设的环境看起来也是足够丰富且富于变化的,但它并不能激发幼儿与环境互动的兴趣,幼儿只是基于教师的不那么明显的规定在完成"应该做的事"。所以,要尽量让幼儿去掌控环境、资源,让他们做主。我们倡导教师让幼儿自主探究玩具和材料,不进行过多的控制,让幼儿享有真实和环境、资源互动从而获得发展的权利。我们所要做的就是和幼儿约定:活动结束后玩具和材料要归位。

此时强调的允许幼儿掌控环境和资源,绝对不是说幼儿对教育环境有完全、彻底的决定权,例如幼儿的卧室,虽然也允许幼儿参与选择和使用,例如选择想睡哪张床、如何睡觉让自己舒服,但做不到允许幼儿改变卧室、床铺的基本使用方式。一些环境空间有其本身的运行规则,例如图书室,我们可以做的是和幼儿共同界定图书室的运行规则,但在使用的过程中让幼儿自主把握,包括想看什么书,如何看书,以及看懂了什么。这才是让环境和资源的运行为幼儿发展服务。

随幼儿的发展而变化

教师们都知道,要根据幼儿的发展提供适宜的环境和资源,并且可以说花了不少时间在环境创设、资源提供上,这件事仿佛永远在教师的最主要的工作清单上,花去了他们极大的精力和时间,但往往结果并不让自己和幼儿满意。

我们带着美好的愿望持续地努力对环境和资源进行优化，但是如果不想明白一些问题，就会陷入泥沼之中。例如，幼儿说想要某种活动材料，或者我们认为幼儿的活动中会需要什么材料，就去找来提供，这样的做法合理吗？"根据幼儿的发展提供适宜的环境和材料"究竟是在说什么？其实，我们真正关注的，不是幼儿持续变化的想法和他们提出的要求，而是这背后所承载的幼儿在生理和心理发展上的需求的变化。例如，随着年龄增长和身高变化，为幼儿配置的桌椅、小床的尺寸就会有变化，这是为了符合幼儿生理发展的特点。又如，我们说提供给更小年龄的幼儿一些模拟实物的玩具，是为了符合幼儿思维形象、具体的特点；我们常提供比较多的相同玩具给小班幼儿，就是为了满足他们喜欢相互模仿的需要。或者为了满足幼儿的成长需要，班级里提供了有变化的活动内容和方式，那么就要考虑如何营造更适宜这些活动的空间。

我们可以尝试着从幼儿持续发展、阶段性发展的视角去甄别出他们不断发展变化的成长需求，思考：这是幼儿成长的普遍规律，还是某些幼儿特别的成长需求？如果环境的创设和资源的提供是基于以上思考，那就是必要的、必须的。想明白了这些，教师才不会忙着应付或满足幼儿提出的一个个想法和愿望，这些是幼儿应该依靠自己的力量或者在成人的帮助下可以去解决的事，也是幼儿在具体场景中学习解决问题的机会，不应该被教师无意识剥夺了。

关注环境文化的影响

幼儿园是教育机构，承载着全方位育人的功能，不仅是幼儿成长的乐园，更是幼儿吸收文化营养的地方。作为幼儿教育课程的提供者，我们必须将与文化相关的内容纳入幼儿园的环境创设中。不要以为幼儿年龄尚小也不识什么字，文化看起来和他们没什么关系，其实，文化最大的作用就是让身处其中的人受到潜移默化的浸润。

对于幼儿园教师来说,在环境创设、资源提供上,最值得关注的主要有三个方面,一是为幼儿挑选的图书、画册以及其他文化音像制品,使用的物品的图案,玩具的形象等,要考虑它们是否在传递我们中华民族的优秀文化,包括习惯、风俗、语言、礼仪、道德观念、价值观等,是否体现了对多民族、多元文化的理解和尊重。二是注意幼儿园环境中的文字和语言,我们虽然不会有意识地提前教授并要求幼儿掌握文字的书写和阅读,但幼儿在日常生活中有很多机会接触它们,我们不是要隔绝幼儿对文字的接触,而是要注意采用规范的文字和语言表述方式,同时让幼儿受到作为文化载体的文字的浸润,做好前阅读和前书写的教育。三是幼儿园里的环境创设,幼儿有很多机会接触的图画、图示、标志、与节庆相关的装饰物等,我们在注意它们的美观、便利的同时,要对其中可能蕴含的文化元素作出甄别,避免因为赶时髦而随意使用自己也不太理解的元素和符号、图案。

Q & A 来自教师的问题

Q1:如果让幼儿掌控环境,成为环境的主人,我们还可以预设活动内容和玩法吗?

答:幼儿园教师是为幼儿的发展提供专业支持的人,提供的任何环境和材料都应该是具有发展指向和价值的。所以作为教师当然可以预设活动的内容和玩法,这是教师主动性的体现。我们之所以提出让幼儿掌控环境,更多的是强调在幼儿和环境、材料互动的过程中,教师不要用自己预设的、固定的某一种或几种玩法来限定幼儿,让幼儿只能采用这些方式去和环境互动,否则都算"错误",不被允许。

其实,我们可以这样做,带着一定的设定和预判,但主动观察幼儿在接触环境和材料时有什么反应:他们是按照你的预想在活动吗?如果不是,他们是怎么做的、怎么玩的？这当中有什么我没有预想到的学习和发展价值吗？如果幼儿这样玩，我会和幼儿说什么或者做什么吗？幼儿的玩法有没有启发我对环境或材料、对他本人产生新的认识呢？如果带着这种想法关注幼儿与环境的互动，那么哪怕教师有100种预设，他也不会局限幼儿的第101种活动可能。观察幼儿越多，我们对幼儿和环境可能如何互动就更有准备，更可能接纳这些不同的方式。只有这样才能让创设环境起到激发幼儿成长的作用。

Q2：幼儿园内公共区域的环境创设怎样才能更符合幼儿发展的需要？

答：除了班级的活动环境，幼儿园有很多公共区域，包括走廊、大厅、专门的活动室，以及户外运动、种植等区域。它们是幼儿在不同时间轮流共用的，主要是出于班级室内活动内容和方式的局限而建，满足幼儿走出班级开展活动的需要。我们在创设这些区域的环境时，首先还是要判断其必要性：是否真的需要这样一片地方来开展某些活动？它提供给幼儿什么特别的经历和体验？幼儿在常规的班级活动中已经拥有怎样的活动场地和体验？需要在公共区域为他们提供什么作为补充吗？我曾经在日本和中国台湾，都见到过没有太多设计的大厅和廊道，很多教室的大门都设于此，目的是便于学生和幼儿在自由时间走出本班教室活动，增加班级之间幼儿共同活动和相互了解的机会。

如果纯粹是装饰性的，那么只要注意和周围环境和谐、不影响幼儿的其他活动即可。但很多时候，我们在幼儿园里看见许多华而不实的公共环境创设，比如把某个楼梯下面的角落布置成了一个阅读角，美其名曰"亲子书吧"，实际上，无论是家长接送幼儿时，还是双休假日时，家长并没有机会带着孩子在这个角落里阅读。像这样的环境，还是不要花费教师的精力为好。因此，我们首先要甄别哪些环境创设是有价值的，哪些是可有可无的装饰。

Q3：还有哪些问题值得我们教师结合实践来思考，主动作出环境创设的选择呢？

答：幼儿园教师对于创设适宜幼儿成长的环境常常兴致高昂，创造性做法层出不穷。关于幼儿园环境创设的研究成果、书籍和经验论文也相当多，告诉教师们很多"应该"的道理。但教师还是要循着自己班级的课程实践，结合自己在做的事情，经常问自己以下这类问题，包括且并不仅限于"我是真的相信我的环境对幼儿发展有作用吗？""幼儿园环境是怎么发生作用的？""我经常在创设的是什么类型的环境？""创设环境是让我忙起来了，还是让孩子忙起来了？""和幼儿互动的环境究竟是怎么一回事儿？""在我提供或创设的环境里，允许孩子干些什么？""我这样创设环境值不值？"等，我曾经写过一篇叫做《关于幼儿园环境创设的"七连问"》的文章，专门和教师们讨论这个问题，如果大家有兴趣，可以找来阅读。而且也很期待越来越多的老师能经常围绕环境创设和资源提出自我追问和解答，这将有助于自己找回初心、展开反思，让热情受到指引。

架构幼儿主动成长的时空

在某种意义上,幼儿园就是为幼儿的发展而构建的时空,孩子们可能会在其中度过三年(3—6岁)甚至更长的童年时光,他们是在我们认真为他们搭建的成长时空中去获得可能的成长的。这个时空不是虚无的,而是幼儿园的每一位教师有意识地通过自己的课程思考和实践去架构起来的,这个时空的范围、性质、特征就界定了幼儿的成长可能。

并不是我们已经塑好了一个或几个模子,把幼儿嵌进去。为了实现幼儿的充分发展,我们要设法在这个时空里容纳每一个幼儿的主动成长。其中,幼儿的"主动"是关键。如果我们期待幼儿将来成为能应对不确定未来的人,就要呵护幼儿作为人的发展的主动性,关切他们是否在用自己的方式去感知、探索周围世界,并作出反应,同时从活动的过程中获得对过程的体验,并在和教师、同伴以及其他人的互动中一点点形成自己的认知和行为方式。

所以,我们选择在课程实践中去维护、支持幼儿发挥主动性,让幼儿在一日生活中主动起来,生动活泼、手脑灵动地从他们经历的丰富活动中去真实地学习,而不是完全按照我们的预设,只学会我们期待的东西。从观念上认识到这一点并不难,但是,在行动上去实践它,就需要我们付出更多的努力,这种努力首先是"克制自己作为教师的优越感"。也就是说,我们要提防自己作为教育者的那种自以为是,预先规划好一切,并在过程中指手画脚,让幼儿只能被动听取教师的意见,接受教师的指令、安排和评价,处于被动地位。

说到底，没有教师的存在幼儿也会随着自然成长获得发展，如果教师的存在是限制幼儿的主动性，为幼儿发挥主动性制造障碍，那还不如不存在。幼儿的主动往往是我们"放手"的结果，这并不是说教师不需要去计划和预设，而是带着一定的思考和前期准备，随时准备去观察和接受幼儿的真实反应，接纳幼儿自发主动的实践过程。在活动预设时准备接纳每一个幼儿可能完全不同的表现，在活动过程中有意放手，倾听和尊重幼儿的主动思考和行为，看看活动会给幼儿带来怎样的发展可能。

教师只有认真地呵护并支持幼儿发展主动性，幼儿才能体会自己是可以独立思考和行动的，自己是重要的，自己的努力是有价值的，从而在成人的指引下，生发出更强大的自我价值感、自尊和自信。而这些首先源自教师认可幼儿作为一个成长中的独立个体的信念。这种信念，能帮助教师作出发自内心尊重每个幼儿、尊重生命成长的选择。

具体说来，在我们日常的课程实践中可以从哪里入手呢？

学习欣赏幼儿的自发活动

幼儿的自发活动最能够体现幼儿当下的兴趣和关注点，承载幼儿的行动和思考。我们经常说活动要源于幼儿的兴趣，其实就是要在幼儿自然、自发的活动、话语、行为中去发现幼儿感兴趣的内容，并利用它来了解、分析幼儿的发展水平和需求，也可以利用它吸引幼儿参与活动，开展对幼儿来说有意义的教育活动。

在幼儿园课程里，游戏活动是课程的重要构成，也是幼儿最喜欢的活动。把游戏作为幼儿的主要活动，其实就是希望幼儿在最自然、自发、自主的活动中，在完全自由的玩耍状态中，发展主动性，并锻炼多方面能力。这样做也是教师通过观察幼儿的游戏，发现游戏过程中幼儿在主动学习而达成的。在游戏中解读幼儿的发展,发现幼儿是主动的学习者、沟通者、问题解决者,欣赏幼儿在游戏中的自发性,也是教师专业水平的体现。游戏不是"小孩子随便玩玩",而是幼儿主动的学习和锻炼的场域。所以,我们竭力倡导"珍惜游戏对幼儿发展的独特价值",引导幼儿园教师保障幼儿的游戏权利,提供持续的时段,不主观介入打扰幼儿的游戏,让幼儿充分自由地活动、展现真实的自我。

同时我们要认识到,游戏是幼儿的天性,是幼儿的基本活动。幼儿随时随地都可以进入游戏状态,很多游戏都是发生在幼儿园作息表中"游戏活动"时间段之外的,其实,在生活中经常有自发的游戏状态。所以,我们也要做好在一日生活中接纳幼儿游戏状态的准备,尤其是在我们"规定的"吃饭、睡觉、学习等环节中。教师理解幼儿的发展特点,并富有游戏精神,学习和幼儿一样过富有儿童情趣的生活,能帮助自己更好地做教师。

允许幼儿作出自己的选择

幼儿园是集体教育机构,在很多人的印象里,统一要求和行动似乎是必须的。其实,我们要改变这种对幼儿园生活的僵化界定。幼儿园是一种集体生活的样态,但并不意味着幼儿缺少自己作决定的机会。如果成人意识到集体生活会给幼儿带来更多必须要遵守的规范和规则,这对幼儿是极具发展挑战的,那么就更愿意为幼儿创造更好的允许自主选择的环境。其实,更好的理解是,幼儿园是为了幼儿的更好发展而存在的。在这里,幼儿与教师每天生活在一起,虽然不可避免有遵守纪律和规则的要求,但并非不能有尊重幼儿作为独立个体的选择。比如,大多数教师现在已经能够接受幼儿在游戏中的自主选择。

更让教师纠结的情境是进餐、完成某项学习任务等。在幼儿园里,午餐是每一个幼儿每天都要经历的,在差不多的时间段里,幼儿要吃完自己的饭菜,甚至在饭菜的花样、品种上也没有更多选择的余地。但我们至少可以用相同的食材做出不同花样的食品,供幼儿选择;甚至也可以让幼儿在感知自己进餐需要的基础上,决定吃多少;当然,更可以允许幼儿在进餐时选择和谁坐在一起。

教师要理解并支持幼儿在具体的情境中,作出更符合自己需要的选择。当一个刚进入托班的幼儿在午餐时哭泣,教师想要喂他,他坚定地告诉教师"你不要喂我,我现在不想吃"。如果教师真的听见了,就会尊重幼儿"此时不想吃"的明确想法。能辨识自己的感受和需要,是我们需要长期培养的,而且要从小做起,一以贯之。这比培养听话的孩子更难,更容易被我们忽视。但凡有可能,请倾听幼儿的心声。我们要相信幼儿是环境的适应者,发展他们内在的感受和判断能力,比让他们表面听话更重要、更有长远意义。

支持幼儿实现自己的目的

幼儿园的课程有其系统性,教师为幼儿准备、安排的各类教育活动也有其各自的目标。这可能会让教师觉得,幼儿在课程中是我们达成目标的对象,我们通常评价课程或活动的好坏,也会从幼儿是否达成教师设定的活动目标来判定。幼儿仿佛生活在由教师搭建的满足教师设定目标的过程中,不断地被判断"幼儿是否达到、完成",这样的过程不是不需要,但过多过严会限制幼儿发展的空间,限制我们看待幼儿发展的视野。

若想培养具有主动发展特质的幼儿,教师要思考如何支持幼儿自主、自发地展开活动,专注持续并最终达成自己的目的或愿望的。在这样的学习和发展中,幼儿是有内部动机的,也会更专注,思维更活跃,并期待产生某种成果,这样的过程更有助于幼儿建立对事物和过程有意义的认识。比如,幼儿艺术活动专用室就可以成为一个允许和支持幼儿实现自己梦想的地方,幼儿可以设定一个学期要做出什么东西。有的幼儿可能顺利地实现梦想;有的幼儿可能中途更改了自己的意愿,重新选择自己要达成的目标,甚至一个学期也没有完成。但这并不妨碍专用活动室的指导教师支持每一个幼儿有自己的梦想并积极去实现它。

这样做是将幼儿视为和成人同等的、有判断能力、有意愿、可以有目的地去主动行动的人，而不是需要等待被他人规定的、被动的玩偶。

让幼儿参与和自己有关的班级决策

幼儿园是幼儿和成人、同伴一起生活的地方，一定需要日常运转的规则和程序。正因为班级是由幼儿与教师（包括保育员等）共同构成的，所以，其日常生活运转的规则和程序需要他们共同来制订。如果我们把幼儿视为和我们共同生活的、具有同等参与权利的人，同时也意识到允许和支持幼儿参与和自己相关的规则、事务的决策是发展幼儿主动性的绝佳机会，那么就会好好利用这个过程来锻炼幼儿。让幼儿被动地等待我们制订所谓"合理"的规则并遵守，是对幼儿能力的"蔑视"，对幼儿主体性的漠视，也是成人以自我为中心地忽视幼儿主动发展的表现。

对于班级中很多和幼儿相关的事务，尤其是那些容易在幼儿生活中引起"纠纷""冲突"的情境，都可以和幼儿展开讨论，允许幼儿发表各自的看法。成人要关心幼儿怎么看待他们在乎的事，并引导幼儿经过商量作出他们的决定，然后作为班级成员共同遵守的规则。经由幼儿主动讨论并制订的规则，他们会乐意遵守。当然，在教师看来，孩子们的商量过程甚至结果，也许有的时候并不完美，甚至有明显的缺漏，但是保障幼儿作为主体参与其中，并用行动去实践和改进，是教师智慧的课程选择。允许幼儿用自己的方式去解决遇到的问题，也是同样的道理。让幼儿在有意义的活动过程中主动表达自己、理解他人、找到共同的需要并达成共识，有助于幼儿积累尊重他人、平等自信、具有责任感的经验。

Q&A 来自教师的问题

Q1：允许幼儿作出自己的选择，会不会放任他们想干什么就干什么？

答：允许幼儿作出自己的选择，不是简单鼓励幼儿"表现个性、与众不同"，也不是要为难教师，增加我们管理幼儿的难度。而是从幼儿发展需要的角度提出的建议。当幼儿被允许自己作出选择，他体会到需要对自己负责，体验到一种对自我的承诺，这非常有助于幼儿养成自主、自信、独立等品质。

教师通常是担心幼儿的选择多了自己无法应对。比如教师为回应孩子们的疑问"到底是老鼠、狗、猫，还是蚯蚓偷吃了地里的土豆？"而组织一个主题活动时，想要满足不同孩子各自的探索愿望，但又不知道如何做，怕"放开了自己应对不过来"，也担心要准备材料、场地，进行活动安排，更不知道如何组织共同话题的分享。其实，教师应放开是否要帮幼儿设定好几种选项的纠结，让属于幼儿的活动回归幼儿，让幼儿自己去经历，无论他们是怎么展开活动，教师要关注和在乎的是"幼儿有没有想办法验证自己的预想"；倾听他们究竟发现了什么；推动他们通过交流获得一些新的发现和认识。所以，尽管支持幼儿的选择吧。

幼儿园课程原本就注重过程，只要心中有幼儿发展的大目标，为幼儿提供基本的学习和探索条件，放开过程，就能接受每一个不同的幼儿，也成就他们不一样的成长。

Q2：在以幼儿为主的游戏活动中让幼儿发挥主动性不难，但是在教师主导的活动中如何做呢？

答：如果教师把幼儿的主动性视作重要的品质去培养，那么除了在游戏、自由活动等由幼儿主导的活动中欣赏和支持幼儿自主活动，也要在幼儿的一日生活中去落实推动幼儿主动性发展的观念。

教师主导的活动不是教师控制一切的活动,而是幼儿在教师的引导、指导下的活动,活动的主体仍然是幼儿。只有幼儿真的参与,幼儿的身心都活动起来了,才是教师主导、发挥作用的成功。

好的教育活动一定是能激发幼儿主动参与的,通常我们可以这样做(不仅限于此):

用幼儿熟悉但可能不完全理解的情境引发幼儿的兴趣和好奇,激发他们的活动愿望;

让幼儿自主选择活动的时间、内容,把握自己的活动节奏,让他们通过切实的操作过程获得直接经验;

允许幼儿充分表达自己的感受,调动他们对事物的已有经验,集中注意力并激活思维;

认真倾听幼儿的表述,并给幼儿留出足够的时间来回答问题,放慢节奏让幼儿准备得更充分、表达得更好;

理解幼儿活动的目的可能和成人不同,而且因其年龄较小,我们对他们的期望要合理;

慢一点呈现"正确答案",为幼儿留出思考和实践多种可能的机会;

引导幼儿相互倾听和提问、质疑,展开有针对性的互动对话,甚至让幼儿主导对话的过程;

用幼儿活动过程中产生的现象和问题来引导幼儿进行持续探索,让幼儿进行有意义的探索和学习;

不随意评价,尤其是不要以成人的速度、水平等标准来评价幼儿,也不对不同幼儿的能力进行比较。

Q3：感觉幼儿园活动各环节允许幼儿实现自己目的的机会和时间不多，怎样做才能更好地支持幼儿发挥主动性？

答：只要教师的心里是愿意接受"幼儿可以有自己的好奇、关心、想探索的事物和现象"的，就一定能够为幼儿的发展提供机会，并且一旦有这样的契机出现，例如当幼儿发出一个心愿、说出一个希望，教师很快就能抓住它。小到幼儿提出需要某种活动材料，教师可以鼓励幼儿自己去环境中寻找和选择，大到幼儿有一个比较长远的期待，例如为父母制作一份需要诸多准备的生日礼物，或者和同伴共同完成一件"看起来不可能完成"的任务，教师都可以用神情和语言，持续鼓励、关注幼儿的活动进度和问题解决情况，提供帮助，倾听幼儿的想法，让幼儿体会到教师真心、切实的支持，以及对他的努力的在乎和期待。

把幼儿的事情"当真"，是我们课程实践中容易被忽略的事，我们总是会轻易放弃对幼儿真切的关注。幼儿的主动学习，是在成人（包括教师）赞许和期待中发展起来的，他们会从成人持续、切实的关注中感受到成人的相信和关爱，也更愿意努力去完成自己的事。

同时要非常注意的是，即便当幼儿经过努力发现还是不能达成目的准备放弃时，教师也不能责备幼儿和显得不高兴，而应该乐意接受幼儿暂时结束活动的决定。幼儿自己的目的是否需要被改变、调整、中止，应该由幼儿说了算。

让"幼儿喜欢的"遇见"我们想要的"

在实施幼儿园课程的过程中,教师的重要价值在于调动幼儿学习和发展的主动性,避免活动完全被教师控制、流于形式,可我们也经常会遇到这样的挑战,难以把握"实现课程与活动目标"与"启动幼儿主动学习"之间的平衡,教师常常为如何把握好自己和幼儿在活动中的位置而头痛。每每结合教师的实际案例来研讨时,教师们关心的话题中总有"如何有效落实目标"或者"如何激发和调动幼儿主动参与",仿佛这二者是一对矛盾,无法同时存在,很难把握好其中的度。

然而,针对这些苦恼和纠结需要指出的是,如果我们转换视角,不把二者视作对立面,而看作是一个统一的整体,也许就可以找到它们和谐相处、让教师也处之泰然的状态。我认为,的确是可以的。实现这个转变的关键是抛弃"幼儿主动"和"教师主动"是"相反的、你增加我必然减少"的认识,而尝试着主动在意识上把这两者统一起来。

我们知道自己作为教师最大的价值是通过课程服务幼儿的发展,也就是说,教师和幼儿这两个主体的关系,是以幼儿为核心的一种关系。如果教师从心底里认同实现教育目标是要启动和维护幼儿的主动发展,那么幼儿喜欢的、参与的、感兴趣的、积极活动的样子,和我们的追求就是一致的。出现前面的纠结,其症结在于教师把教育的目标视作自己要去完成的事,很少从幼儿发展的角度进行思考。同时,教师在活动设计中更在乎自己一厢情愿的设计,没有想着设计本身就需要考虑幼儿的参与、操作以及收获,没有留出足够的空白准备接纳幼儿。所以教师才会陷在自己设定的目标和实施方式中,期待幼儿顺着自己的思路走。但幼儿是鲜活的、有主动性的人,所以往往不会自动进入教师预设的轨道,这就造成了表面看起来的矛盾。

化解这一"矛盾"的策略,可以简单描述为"'让幼儿喜欢的'遇见'我们想要的'"。幼儿喜欢的,包括他们喜欢和感兴趣的事,以及他们乐意和擅长用怎样的方式去做事,其背后往往反映的是幼儿的活动或发展需求,比如幼儿喜欢亲自动手尝试操作来获得感性经验,幼儿想要和其他幼儿建立积极的关系,等等。我们想要的,就是我们对幼儿发展的期待,具体可以陈述为课程或活动的目标,例如我们的目标不也经常被陈述为"幼儿手脑并用解决问题""幼儿之间建立良好积极的关系"吗?看,这两者之间不正是完美统一的吗?

让"幼儿喜欢的"遇见"我们想要的",就是主动把我们想要达成的目标和幼儿想要做的事情之间建立起关系,使之互相转化或者成为一件事,让双方都满意、都实现自己想要的。这其实是幼儿园教师智慧的课程选择。

设计幼儿感兴趣并亲身参与解决的问题

幼儿园教师似乎很擅长设计活动,但设计重点往往落在"我想要做什么、如何做"。如果主动尝试改变,先去思考:"我想要做的,和幼儿原有经验之间有什么联系?幼儿会怎么想这个问题?他们会如何去解决这个有趣的问题呢?"那么你的设计就会完全不同了。其实就是增加了对幼儿原有经验的探寻,开启了与幼儿共同探索这些指向目标的问题的好奇。这个过程的关键在于"问题"二字,首先,一个好的问题是符合幼儿年龄特点,并结合幼儿经验的,得让他们明白具体是什么问题,让他们感到自己是有能力、很想去操作实践的。其次,问题是围绕活动目标并能带动他们走进具体情境,提供许多"不无聊"的挑战的,比如完成教师设定好步骤和答案的练习多半就是无聊的。最后，这可能不是一个封闭性问题，而是一系列伴随幼儿的活动而变化、深入的问题，它能持续激发幼儿在过程中积累经验从而生发新问题，这样才能实现幼儿"要我学"向"我要学"转化。这些问题如同幼儿自发成长的"阶梯"，教师不断抓住幼儿的兴趣提供适宜的问题，让幼儿一步步自己往上走。

增加幼儿的选择空间与节奏控制

这里需要强调的是，我们要避免在实施课程时"一意孤行"，千万不要固执地认为课程目标只能按照自己的想法、用自己选择的方式去实现，更重要的是给予幼儿更多成长的空间，允许幼儿对活动过程、内容和材料进行选择，以此增强他们在活动中的掌控感和胜任感，从而激发幼儿主动、持续、有深度地学习。这可以从空间和时间两部分来考虑。

在空间上的考虑主要指可选择的物质环境和宽松的心理空间，为不同水平、不同特点和学习风格的幼儿提供更多的选择，非单一的材料和宽松的氛围让幼儿们可以探索自己更感兴趣的内容，以增强他们在活动中的掌控感和胜任感。而此时的教师需要有一颗强大的心脏，去信任幼儿、欣赏幼儿，愿意接纳他们在活动中的个体差异，并将这些差异视为推动不同幼儿发展的契机。

在时间上的考虑主要指宽松的活动时间，这是在活动时间和互动方式上的"留白"。比如班级教师有对一日活动计划进行适当调整的权利，他们把以往条块分割的一日作息融合成了宽松的大板块时间，根据幼儿的活动状态，灵活把控活动之间的起承转合；根据幼儿的学习意愿，给予幼儿操作、思考、讨论、寻求帮助等充足的时间，让幼儿喜欢的活动经常在班级里发生。

让幼儿的活动需求合理化

对幼儿正在关心的事情,给予支持,使他们获得开展活动的动力。幼儿发起的活动,有时候并不比教师预设的活动价值少。我们不妨经常想一想,最近班级的幼儿感兴趣的事是什么?这些事和我的课程目标、幼儿发展目标之间有连接吗,是一致的吗?幼儿在他们自己开展的活动中是在学习并获得发展的吗?如果教师善于把活动顺着幼儿正在研究或是感兴趣的方向去推动,我们的长远目标更能得以实现。如果是,那么我们何不顺水推舟接受幼儿的这些选择呢?难道只有我们费尽心力为幼儿去准备的才是合理的、有价值的吗?如果这样认为,我们其实忘记了自己是如何成长的。

当我们发现幼儿当下的活动需求、正在开展的活动是对幼儿有意义的,那么最好主动调整自己原有的活动方案。但这需要教师的主动意识,因为通常教师都是直觉地想要把幼儿推回自己预设的轨道中去的。作为幼儿园的课程领导者,最重要的就是把幼儿的发展永远放在心中,而不要太执着于这些发展是否发生在自己预先设定的时间、场所和过程中,准备好在幼儿生动活泼的一日生活中去迎接幼儿随时的成长。

我们可以用以下方法实现"幼儿需求的合理化"。一是主动建立"由幼儿发起活动"的机制。例如,幼儿园或班级里拿出一段时间允许幼儿做自己喜欢的事情,比如幼儿园的自主游戏活动,就是充分尊重和满足"幼儿发起活动"的体现。二是支持和帮助幼儿作出选择,让幼儿有机会主动选择活动的内容和方式,直到幼儿拥有确定活动目标的机会,教师逐步从课程目标的制订者、实施者向辅助幼儿完成课程目标的支持者转变。比如幼儿毕业时,有的幼儿园打破成人期待的"毕业演出"的模式,把选择如何度过在园最后 10 天的权利交给孩子。结果孩子们协商决定,畅快地玩一次海洋球,吃一顿幼儿园的自助餐,和中班进行"国旗交接仪式",将自己喜欢的班级环境布置材料带回家,等等,用这样一系列他们想干的事来完成"毕业"这件大事。尊重幼儿对毕业的理解,支持他们用行动演绎毕业。这不是更加贴切地实现了教师的课程期望吗?三是教师要接纳幼儿创造自己的学习过程。相信很多教师都有类似遭遇,自己花费了很多时间和心思设计和制作的活动材料被幼儿"乱用",常常会因为"不喜欢,感觉无聊"等原因作了别的用途。教师需要更多的释然,以"支持幼儿的主动学习"去思考、判断幼儿的活动过程是否有"学习"的发生。幼儿自己创造的活动过程,也许比我们提供的活动设计更能激发他们的活动意愿,创造更丰富的学习可能。

Q&A 来自教师的问题

Q1:有时候"幼儿喜欢的",并不是"我们想要的",我该如何看待和应对?

答:在日常的课程实施中,教师可能会遇到一些场景,比如,幼儿正好对某个现象非常感兴趣,活动结束时间到了也不舍得离开,教师已经想进行后续的活动了,所以就很犹豫,不知该怎么办。又比如某些幼儿在某一段时间很乐意干一些令教师"困扰"的事情,例如说怪话,教师觉得说怪话的行为不应该提倡,但直接制止幼儿似乎成效也不大。这些好像都是幼儿喜欢的,不是我们想要的,这样的场景似乎还挺多。我们该如何看待和处理呢?其实,遇到这样的情况,是我们还没有理解"幼儿喜欢的"的含义,它说的不是幼儿某种外在的表现和对象,而是激发幼儿有这些外在表现的内在发展需求。例如幼儿喜欢某个活动不肯转换活动这个表现,其实说明的是幼儿"被这个现象吸引,想要持续探究"的需求,可以选择明确表示支持幼儿的探索,并和幼儿商量什么时候可以继续进行。如果我们这样理解幼儿的行为背后的需求,就会很容易发现,这和我们培养幼儿并不存在矛盾,幼儿的表现正是符合我们培养目标的,而不是在和老师对着干。如果有这样的深入认识,教师就很容易选择在幼儿有强烈兴趣的当下去认真倾听幼儿究竟在想什么、想干什么,而不是急不可耐地要求幼儿中断活动跟随自己按照下一步的安排去活动。如果教师不把幼儿说怪话的行为当作对教师的故意冒犯,而去思考说怪话的行为是不是在传达"希望老师关注我""希望在同伴中有吸引力"的意思,这不是幼儿发展的正常需求吗,那么,教师就会更主动、正面、积极地回应幼儿。怀着善意、积极地辨别"幼儿喜欢的"背后的正常发展需求,更有利于我们积极影响幼儿。

Q2:有的活动是我们想要做的,也是应该做的,但可能并不是幼儿喜欢的,我该怎么办?

答:在我们的课程实施中,的确这种情况并不少,教师认真设计了一个非常有教育意义的活动,但是发现幼儿的兴趣寥寥。例如教师提供给幼儿一本关于科学家的图画书,希望引导幼儿阅读从而了解科学家成长的感人故事,产生要向科学家学习的愿望,还准备了一系列问题和幼儿讨论,但发现幼儿活动过程中注意力涣散,完全没有兴趣,也并没有理解要讨论的问题。但教育的过程不就是要向幼儿主动传递我们期望他们学习的内容吗?幼儿不喜欢,说明什么?

类似现象常发生在由教师预设和主导的集体活动中。这其实是考量我们把"应该学习的"转化成"幼儿的学习需求"的能力。幼儿的兴趣和喜好本身并不能帮助教师作出"教什么"的决定,他们是用自己的兴趣和喜好在告诉我们"应该如何教他们学"。所以,学习科学家的成长故事是完全可以的,关键是如何激发幼儿产生这个学习需要,以及如何学习。幼儿的发展和学习特点,决定了他们并不擅长用成人的方式来学习,这也恰恰是对幼儿园教师提出的挑战:我如何教,幼儿才会对这个话题感兴趣、愿意参与?怎样的学习方式适合幼儿的学习特点?理解和把握幼儿的成长规律、学习特点,主动学习并采用能吸引幼儿真正参与的内容和方式,就是我们实现"幼儿喜欢的"和"我们想要的"之间互为转化的关键技能。

设定课程实施的关键方式

作为带班教师一定有自己组织各类日常活动的基本常规、习惯,这些可能是你在入职期就向幼儿园的老教师学习而逐步形成的。教师基本胜任的日常班级工作,就包含了形成一般意义上的工作流程、规范、习惯。但要成为一个有幼儿发展意识、课程意识的课程领导者,我们不能囿于通常意义上的工作常规的设定,而经常需要站在稍微高一些、远一些的位置来"端详"自己课程实践的状态,审视我们的课程运转方式能否保障自己的工作始终指向幼儿发展,并富有成效。这种自我规划、自我监控的意识,把教师从通常的忙忙碌碌中抽离出来,去看清自己究竟在做什么,做得怎么样,从而超越"只见树木、不见森林"的状态。做一个有成效的教师,主动尝试把握、调适自己开展课程实践的方向、节奏和方式,是教师实现专业跨越的重要阶梯。

这种把握不仅来自对外部评价要求的运用,更重要的是形成一种内部动力,始终引导自己考量课程实施的过程质量和成效,主动作出调整。这种对于课程实践的审视发自教师内心需求,是教师走向完整、成熟、负责任的教师的标志,他们已经无须更多来自外在的评价和规范的约束,而是主动去追求自己课程实践的成效,也更关注自己作为教师的效能感。他们会更愿意选择将注意力聚焦到与幼儿最直接相关的事务上,有意识地管理自己的精力和时间,尽量把它们花在离幼儿最近的地方,例如主动观察幼儿在活动中的表现,仔细分析幼儿的发展状况,基于幼儿的需要规划有意义的教育活动,和家长讨论幼儿的成长,等等。如果你希望成为这样的教师,具体到课程实践的做法上,可能涉及以下四个方面的规划和考量,从规划自己作为班级教师的每一天开始,主动作出调整。

规划观察、倾听、记录和分析的时机

作为课程领导者的教师,最在乎的是幼儿的发展,看重自己提供的课程多大程度上对幼儿发展产生了影响,产生了什么影响,思考这些是否是自己希望发生的。所以,他们随时都在通过各种途径感知幼儿的活动状态,收集幼儿发展的表现,思考这些表现在告诉自己一些什么。他们沉浸在其中,享受着实践和思考幼儿发展带来的快乐。

要想成为这样的教师,我们可以尝试有意识地规划自己,在忙碌的每一天里,预先为自己观察幼儿留出足够的时间,保证自己有条件去认真倾听幼儿的话语,选择自己最方便的方式记录必要的信息,以帮助自己记住和回顾关键过程,认真分析收集来的信息在说明什么。例如,我们日常编制的班级周、日计划中,经常有一部分内容就是计划在游戏活动中重点观察什么,教师会想观察幼儿使用某种新材料的情况,在某个活动中观察幼儿的数概念发展得如何,等等。这其实是最简单的一种设定,也只有当教师真正把自己观察、记录分析的活动看作是出于想要了解幼儿的需要,而不是为了"应付填写周、日计划表"的任务,这种设定对自己才是有意义的。

更加灵活、富有主动性的教师,还会在一般的观察内容之外,思考在日常带班过程中,哪些场合或时机"更容易"观察到幼儿的某些行为表现,从而主动为自己预留观察的机会。例如,游戏活动可以观察到幼儿多方面的发展表现,因为在游戏中幼儿自由、自主,教师也比较容易分配注意力。但在集体活动中,可以观察什么呢?可能就更利于集中观察幼儿是否有与活动目标(例如"大胆在

集体面前表达自己的想法")相匹配的行为发生,以及不同幼儿究竟处在什么水平。

充分利用日常生活中持续、反复的机会

作为课程领导者的教师,懂得幼儿一日生活皆课程,知道幼儿是不可能通过一次活动就获得某种确定的经验和体验的,教育幼儿最好的方式就是在幼儿每一天的生活中都去创造和利用各种反复出现的机会,"潜移默化"地"养育"是幼儿园课程的特点。他们相信幼儿的养育是日复一日、充满了爱的反复,永不厌倦。相信随着时间的流逝,幼儿经验逐渐积累,他们会永不停歇地成长。

与此同时,没有哪位教师会认为自己的保教过程是完美的,一次活动就能达成期待的幼儿发展,几乎所有教师都会产生"如果刚才(不)这样做就好了"这样的遗憾,但我们的教育不就是在无数的遗憾和"不完美"中持续进行的吗?正是因为我们有充分地和幼儿生活在一起的每一天,所以,我们拥有了去修正课程实施中若干小遗憾的机会,幼儿也是在我们不完美但真实的教育中和我们互动,一点点成长起来。看见幼儿和自己在日常生活中反复、持续的教育实践中的发展可能,充分相信、主动把握每一天,主动关注幼儿和自己的成长,是课程领导者成长的必经之路。

丰富、平衡、延续幼儿的成长经验

幼儿是在我们持续提供的课程、各类保教活动中获得锻炼和体验机会,从而获得发展的。幼儿园特别在乎为各方面都在快速发展的幼儿提供种类丰富、内容适宜、受幼儿喜欢的活动。从每一个幼儿园的课程结构、课程和各类活动的设置中,我们可以看出幼儿园一般都意识到课程内容的丰富、平衡对幼儿发

展的重要性,他们通常都力求本园的活动内容更丰富、更有选择性,增加幼儿获得多种体验和经历的机会,力求为幼儿安排健康、语言、社会、科学、艺术等领域的教育活动,一些有课程平衡意识的教师,还会在做周、日活动计划时,主动调整各种不同指向的内容活动的数量和比例,例如,在个别化的区角活动中内容涉及面要广,提供的材料层次应不同,各领域集体教育活动的数量保持基本平衡等。一些教师还注重幼儿经验发展的连续性,因而会设计一系列连续开展的、内容有关联的活动,让幼儿在自己感兴趣或可能获得发展的主题中得到发展,这些都是积极的尝试。

但是从支持每一个幼儿成长的视角来考量这些做法,也还有可以提升之处。作为课程领导者的教师,要学习主动观察幼儿发展的需要,并据此动态把握课程的平衡,而不是仅仅实现各类活动数量和时间的保障。选择和安排活动适宜性的根本标准,是它们和幼儿发展需求的呼应程度。比如,如果幼儿在家庭中获得了丰富的科学知识经验,也许家庭中缺失的、适切的艺术熏陶就是幼儿更需要的,我们就可以有意识地在班级的活动中增加艺术领域的活动。

经常结合幼儿的表现反思课程实施

幼儿园课程实施质量是由每个班级的课程实施质量构成的。幼儿园经常出现班级课程实施质量差异大的情况。如何保证本园的所有班级高质量地实施课程,一直是幼儿园园长和管理团队想要破解的难题。但是,我们不能寄希望于依靠幼儿园的力量将班级实施质量"抓"到同一个水平,而是需要依靠每一位教师的幼儿发展意识、课程意识和提升保教质量的自觉行为。只有每个教师对本班级的幼儿发展、课程实施质量负责,幼儿园课程实施的质量评价才能落到实处。

具有课程领导力的教师,会主动结合幼儿的日常表现经常性地评估本班级课程实施的过程品质和成效,进行深入分析和有效反思,并据此主动进行调整。在进行课程评价的过程中,他们最关注的是从幼儿活动中获取的自然信息和证据。有研究表明,许多优秀的教师都是因为对幼儿进行了细致入微的观察和了解,从而触动了自己对实践的反思。他们常常会利用幼儿园提供的评估参考标准或规范、评估工具来帮助自己获得对比和印证;还会开展基于这些评价信息的分析和研讨,从而让评价的结果对后续的课程实施产生有意义的启示。所以,关注幼儿的表现并思考班级的课程实施的成效,以及可能的发展机会,是课程领导者建立保教工作完整路径的选择。

Q & A 来自教师的问题

Q1:幼儿园要求教师观察、倾听幼儿,有时还会给教师提供一些表格作为参考,但他们总写不好是怎么回事?

答:在一日生活中自然观察幼儿,越来越成为幼教工作者追求高质量教育的重要方法。幼儿园倡导、要求教师观察、倾听幼儿是正确的导向,这推动了教师去深入感知、了解幼儿的发展,展开对自己课程实践的反思。很多教师发生改变都是因为仔细观察幼儿而触发了深入思考引起的。幼儿园出于"好心"希望帮助教师获得观察幼儿的技能,提供给教师记录的工具,组织骨干教师设计了有一定框架、格式、填写要求的"观察记录表",期望引导教师的观察视角,区分是"描述"还是"分析""思考",等等。但是,教师常常拿着这些表格却很难写出令人满意的观察记录,甚至无所适从,原本生动鲜活的场景和思考不知道该怎样填到这些格子里去,即使勉力填进去也失去了原本的连贯和精彩。

其实,幼儿园支持教师去观察幼儿的出发点是好的,但采用的方法并不适合。观察幼儿,应该是教师自己的选择,我们要允许教师去寻找自己感兴趣的观察对象、现象或事件,允许教师用简洁明了的方式去记录、陈述他们观察到的内容,表述他们的思考和想法。这对教师个人来说是一个有因有果的完整过程,教师会自然讲清楚"我在什么时间观察了谁,他为什么吸引了我的注意(我观察他的原因是什么),我发现的有意思/令人疑惑/值得思考的情况是什么,我是怎么想的",这对于大多数教师来说都不难。而当教师被要求填写幼儿园提供的表格时,通常这种完整的逻辑就被打破了,让原本对观察很有心得的教师反而花精力去刻板分割"该填写在哪里",他们的注意力就被分散到如何完成填表这项任务中去了。所以,我们要关注的是如何引发和维护教师观察幼儿的兴趣和思考的乐趣,不要让外在给予的条框局限了教师有价值的观察和思考过程。

Q2:我们经常采用的从数量上"平均用力"来安排各领域的教育活动合理吗?

幼儿园教师经常使用的"周、日计划安排表"上,常常需要罗列出一周内每日进行的各种教育活动的名称,这样教师可以一目了然地看见每周幼儿的活动内容,管理者也可以通过这种方式检视保教活动安排是否合理。可是检视的标准逐渐变得僵化,其中一条就是关于"课程平衡"的考虑:建议甚至要求教师在一周活动的安排中要确保各领域活动都要开展,简化到最后就成了"每周都要有数学、语言、科学、音乐、美术"等集体教育活动的数量要保持相差无几,不能有所偏颇。虽然,这样做是基于保证幼儿活动经验广泛、丰富的想法,但深入思考,不难发现其中存在一些弊端。按照各领域活动各自安排一节的想法随意"排课",教师并不关注幼儿的实际需要、兴趣,更谈不上对幼儿水平、经验的考量,这其实是一种忽视幼儿的随意和简单化应付。长此以往,教师发展不出"为了孩子、基于孩子"的设计活动的专业能力。这种"排课"方式并不关注幼儿的整体生活,也不关注这些集体活动和幼儿园其他活动之间的关联,所以也无法和其他活动形成一体去支持幼儿发展。

所以要保证课程内容、实施方式的平衡,重点是提升教师的课程意识,引导教师完整看待幼儿在一日生活中的真实经历,发现幼儿在全部活动中有哪些方面的经历和体验的机会,而集体活动作为其中的一种,提供必要的活动经验。当教师建立起"一日生活皆课程"的意识以后,通常能发现幼儿在游戏中有大量的数学学习,生活环节中有很多解决问题的讨论,运动中有对自我保护的学习,幼儿的各种学习在不同场景中都有可能发生,就不会纠结于安排集体活动时要不要"平均用力",甚至还能告诉园长"为什么我本周没有安排专门的集体数学活动"了。

Q3:我们经常说的保持幼儿经验的连续性是什么意思?怎样才能做到?

答:保持幼儿经验的连续性,主要是说让幼儿获得的经验是连续而有意义的,开展的活动既能和幼儿原有的经验有联系,也能在原有经验上有发展。经验的连续性是想体现经验在不断扩展、提升,对幼儿来说,这样的学习在内在逻辑上是连贯的、富有意义的,而不是零碎、各自割裂的。在课程实践中,我们通常会这样做,例如基于幼儿的兴趣、熟悉的内容及已有知识和能力来设计、预设活动,注重活动过程中幼儿获得了什么新认识、新方法上,教师们也经常通过确保幼儿活动时间的连续来让幼儿有更为连续的经验。一些教师还会围绕某个主题组织一系列教育活动。

但非常值得注意的是,仅仅是围绕某个主题安排几个表面连续的活动,例如秋天主题中,第一天安排科学活动"捡落叶",第二天安排数学活动"数秋虫",第三天讲一个秋天的故事,第四天画关于秋天的树林的画,这样看似有关联的活动,实际上是一个个完全分割的活动,它们之间并不连续,只是教师"以为的连续",实质上,幼儿经历的是不同的学习过程,获得的是完全不同的经验。反而,在一些幼儿发起的活动,例如游戏中幼儿对感兴趣的事物、现象的专注探究,哪怕探究的时间是分割和断开的,但因为幼儿始终被允许一有机会就去做,所以他们对这件事的理解是不断深入的,因而经验很可能是连续的。

Q4：教师们经常写不好课程反思，这是怎么一回事？

答：教师们写不好反思，有多种影响因素。

一是，他们写反思时没有去写真正引发他们思考的东西，而是为了应付工作任务或要求。好的反思多半不会出自被要求的撰写任务，而是源自教师感受到的深切的触动，所以幼儿园要允许和引导、鼓励教师去书写他们的真实所感。但通常这样有质量的反思不会"按时间"产生，所以要给予教师足够的时间，也不一定要规定教师撰写的篇数。

二是，可能他们缺少互动和深入对话的对象和过程，"闭门造车"是很痛苦的。幼儿园要为教师创造多元对话的可能、营造相互激发的机会，促进教师在交流中加深理解、辨析日常实践，以实现基于对话的反思。

三是，可能教师尚未好好观察幼儿的活动表现。看见幼儿的发展变化、发现自己对幼儿的"不理解"的教师，往往对幼儿的成长有好奇心，会经常反思自己。如果只是习惯于一厢情愿地安排幼儿的活动、按部就班开展活动，教师很难通过真正看见幼儿的表现而反思自己。

四是，教师的反思不一定非要"撰写"，尤其是撰写很"漂亮、完美"的反思，只要教师的思维结合自己的课程实践、幼儿的表现运转起来，哪怕反思只是随手小记，也是值得赞赏的，而且往往更加精练、直击重点。幼儿园还要思考写反思的根本目的是什么，不要因为要求教师"完成一定数量的好看的反思文本"而造成教师的倦怠、应付。

第三章

和幼儿**共创有价值的**
一日生活

顺应幼儿的 N 种天性

建立舒适的师幼关系

让幼儿在集体中成长

在日常生活中指引幼儿发展

幼儿园"一日生活皆课程",作为幼儿园教师,实施课程的最基本方式就是和幼儿在一起,用自己的整个身心去和幼儿相处,为他们的成长带来悉心的呵护和关爱、学习和发展的机会。幼儿与教师整日相伴,相处时间甚至要超过和家长相处的时间。如果从时间、空间上判断的话,教师对幼儿健康成长的重要性不言而喻。

教师不仅为幼儿创设外在的物质空间、环境和资源,还负责为幼儿提供适宜的课程内容和活动,更为重要的是,教师作为了解幼儿成长规律和特点的成人与幼儿的相伴,本身就是极富价值的过程。教师对幼儿发展所持的观念、惯常的做法,对待每一个幼儿的方式,全方位地影响着幼儿发展。所以,这也是我们分外注重幼儿园教师的儿童观、教育观、课程观等价值体系,以及不断提升教师的幼教专业技能的重要原因。教师作为课程实施的主体,其对幼儿的理解,对幼儿园课程的特质和价值、过程品质和成效评价等方面的认知和做法,实实在在地影响着幼儿的发展。

作为幼儿园课程领导者的教师,会聚焦幼儿的发展,竭力为幼儿创造丰富而适宜的课程,提升幼儿在园一日生活多方面的品质,并持续根据幼儿的发展表现来反思自己如何与幼儿相处,提升课程实施质量。他们的课程意识和幼儿发展意识强烈,懂得幼儿成长的特点和规律,能够结合幼儿园的生活,主动积极地在各种场合下选择发挥自己作为教育者的不同作用。尤其是他们知道教师和幼儿是幼儿园课程中的一对教育主体,并且总是在尝试、寻找更好的自己和幼儿的互动方式和位置。教师是因为指引和支持幼儿的主动发展而富有价值的,所以他会在课程实践中主动选择去调动幼儿的主体性,并在这种力争启动幼儿的主动性过程中,充分发挥自己作为教育者的主动性和创造性。

这一部分,我们就从四个角度来说说幼儿园教师该如何确定自己和幼儿的关系,如何与幼儿相处,才能更好地突显教师作为课程领导者的行动选择。

顺应幼儿的 N 种天性

幼儿期是人发展的初始阶段,幼儿身上保留着更多自然的天性。了解和顺应幼儿的天性,其实就是要认可幼儿发展的年龄特点,接纳他们先天具有的品质和性情。如果我们在人的发展早期尽力去理解和顺应幼儿的天性,更加关注、尊重和接纳幼儿与生俱来的特点,就能为幼儿自然而然地成长创造一种宽松的外部环境,积极回应幼儿的各种主动尝试,从而以一种包容、理解、支持的方式欢迎幼儿对这个世界的主动接触,允许幼儿表达真实的自己,获得自然的成长。

其实,幼儿天性中的很多方面都是人的发展需要的,也和我们对人长远的发展期望是一致的,所以在幼儿期就需要得到保护,它们是幼儿得以存活、顺利发展的基础保障。同时,当我们作为教育者主动地让自己实施课程的方式去顺应幼儿的天性,往往会起到事半功倍的成效。

如果幼儿的天性在生命早期就被限制,比如,我们想当然地认为"教育就是要实现刻意的改造",那么往往会把天性视为不可接受的、必须得到规训的东西,加以反对和压制,这不仅会让教育幼儿的过程变得困难重重,而且极可能对幼儿的身心发展造成限制和阻碍。而幼儿期的发展障碍,可能一生都无法弥补。因此,课程领导者智慧而主动的选择是首先采用尊重幼儿发展特点的教育方式,去呵护幼儿的自然成长。

游戏

不管成人如何做,幼儿的生命很多时间都处在游戏的状态中。这是幼儿最本质的生存状态,也是幼儿探索周围世界的一种自发方式。游戏,无论是在幼儿教育领域,还是在哲学、心理学等领域,都被深入、广泛地研究并确认对人的发展具有极大价值。"游戏是幼儿的基本活动",说的就是我们国家对幼儿教育的一种基本选择。"基本活动",就是认定游戏是幼儿最一般、普遍、主要的活动。同时,在一些地区例如上海,多年前就正式将幼儿的游戏活动纳入了幼儿园课程结构当中,以更主动地让幼儿园的课程内容和实施方式顺应幼儿的天性,承载幼儿自然、全面的发展。

近些年,由于国家的倡导和推动,越来越多的幼儿园教师理解了幼儿的游戏天性,主动在幼儿园课程实践中保障幼儿充足、连续的游戏时间和机会,满足幼儿自发、自由、自主地选择的游戏内容、材料、同伴,更在幼儿游戏中学习深入观察、解读幼儿的发展表现,寻找幼儿在这种自然的活动中的学习和发展的契机,思考如何让教育更好地支持幼儿发展。游戏中幼儿的自然表现,帮助教师了解"幼儿是什么样的"。能否读懂幼儿在游戏中的主动成长,是当下教师专业化水平高低的典型体现。认可幼儿游戏,支持和捍卫幼儿游戏的权利,珍视游戏为幼儿成长创造的独特价值,要成为教师主动的选择。

幼儿在游戏中享有充分的自由,被允许反复尝试和"犯错",甚至沉迷在游戏的"不分真假"中获得情感的满足、健康发展和修复。幼儿园教师要主动把幼儿的游戏活动视为幼儿自我发展的重要途径,当然,也可以利用幼儿喜欢游戏的特点设计游戏化的活动来吸引幼儿参与,帮助幼儿实现在学习中更主动、愉悦的目的。

已经有太多的理论或文章在告诉我们可以如何看待和观察幼儿的游戏,如果还不得要领,教师就去做几个"动作"吧。一是把游戏视作幼儿最正经、最重要的事,每天都想方设法让他们玩;二是在幼儿玩的时候保持安静地观察和倾听,清空自己对"这个游戏应该怎么玩"的期待,尽量对"游戏中发生了什么"感到好奇;三是记录下观察到的有意思的瞬间或过程,后期分享给相关的人。也许,做了这些以后,就会有更多东西自然发生,例如发现幼儿的力量、欣赏幼儿的主动学习、反思自身的课程实践等等。

模仿

人都是好模仿的,只是在人的不同发展阶段,会因为需求的不同而有意无意地模仿不同的对象和行为。幼儿期好模仿的天性表现得更直接、自然。他们模仿他人的动作、语言、表情,模仿身边的成人和同伴,也模仿他感兴趣的其他人。幼儿其实很大程度上是在模仿周围的人中学习和发展自己的。幼儿是一种具有"吸收力"的主动学习者,随时随地都在吸收着周围不同情境中的人的各种行动,教师必须接纳他们的这种特点,允许幼儿之间自然的相互模仿,理解他们好模仿的表现,例如班级里一个孩子做了什么,另外一些孩子很可能也会去做什么。同时,教师也需要真切意识到自己是对幼儿发展具有重要影响的人,必须通过自身的行为和表现为幼儿提供积极的可模仿的对象和过程。例如我们在日常生活中想让幼儿养成一些行为规范,不是只靠口头提醒幼儿"上楼梯靠右走、遇见老师要问好",而是自己在带幼儿走楼梯时也靠右走,见到同事主动微笑打招呼,甚至遇见幼儿时主动先问好,幼儿自然而然就会这样做。这也是教师课程意识的重要体现。

值得注意的是,教师有时候会因为希望幼儿表现出与他人的不同,而不允许幼儿之间相互模仿,强调"跟别人说得不一样""要画得和其他人不一样",但这其实是混淆了概念,仔细观察孩子的表现,教师也会发现这样是徒劳的,还不如顺应幼儿的好模仿，允许他们相互观察和欣赏，幼儿不是复印机，一定会有属于他个人的主动加工和表现。

好奇好动

几乎每个人都不会否认，幼儿是好奇好动的，这是我们对幼儿这个阶段发展特点的普遍认识。幼儿随时都可能主动去探索不可预测的东西，不会安安静静地按照成人的要求去做事或者"待着"。人们自然而然地拥有这种共识，不好动就不像孩子了。但当幼儿来到幼儿园，教师需要面对几十个好奇好动的幼儿时，还是会不得不接受幼儿的好奇好动带来的"压力和麻烦"。同时，部分教师潜意识里有一种认识，幼儿园是一个教育机构，是要养成幼儿适应规则的意识、习惯的地方，教师要发挥对幼儿发展的指导作用，有意无意就会对幼儿时不时表现出来的好奇好动进行限制，哪怕我们是接受过与幼儿成长相关知识的教育者，还是会有无法忍受的场合。这是教师的理智和情感相矛盾的表现。解决的办法只有一条，那就是完全接受和欣赏幼儿的好奇好动，把这视为幼儿最自然、最正常的表现，那些表现得对周围世界缺乏兴趣和探索愿望，总是被动等待的幼儿才值得担忧。

在课程实施中教师要积极认可和顺应幼儿的好奇好动，《上海市学前教育课程指南》中，甚至把"好奇探究"作为幼儿发展目标，足见期望教师顺应、呵护并发展幼儿的好奇。作为有幼儿发展意识的教师，我们要在课程实践中真切地接纳、满足幼儿的好奇好动，例如提供充足的时间、材料给幼儿按照自己的兴趣去多角度探索，这和放纵幼儿去影响、损害周围的环境和其他人是两回事。

成功

幼儿总喜欢做事并在自己想要的方向上获得成功。这种成功不是一般世俗意义上的"成功",而是幼儿通过做事情而获得的确定的结果,幼儿能用自己的行动去发现自己的行为和想法与结果之间的关系,在行动和结果之间建立起一种确信,发现自己是有力量的,能够完成或者胜任的。这不仅带给幼儿有实体感的行动过程,更为幼儿的心灵成长提供养分。幼儿在这种活动过程中,是不担忧失败的,他想要的就是不断尝试以获得期待的结果,以及不可料想的新发现。

在幼儿园的课程实践中,教师要充分相信幼儿能够通过参与各种活动,获得属于自己的感受,所以在为幼儿提供活动机会的时候,要允许幼儿有足够充分的机会去摸索,按照自己的心愿去作尝试,正是在被允许试错、不断从犯错中主动调整、反思、纠正的过程中,幼儿不断去追求成功,体会自己主动动手动脑带来的新鲜的体验和成就。这和我们培育幼儿的根本目的是一致的。

这种成功是幼儿自己设定目标并经过努力达成目标获得胜任感的体验,和成人为幼儿设定的有标准答案要求幼儿去完成的成功是不同的,前者为幼儿的成长提供了更为主动的、宽广的定义自己的空间。教师们要让幼儿产生自己的愿望并通过活动、实践收获成就感。

去户外

日常生活中我们会发现那些只有几个月的孩子,哪怕他还不会说话,当成人和他说"去外面"的时候,通常都会立刻在成人的怀抱里雀跃起来。当幼儿情绪不好、兴致不高的时候,一听到"可以出去玩",就立刻来了劲头,急不可耐地不断催促成人带他出去。喜欢去户外是幼儿的天性。户外是一个更广阔的场域,赋予幼儿更丰富多变的活动可能性,也允许幼儿不被环境和材料的玩法所规定。在户外,幼儿能体会到比室内活动更充分的自由。这种自由是身体活动空间和方式上的打开,随之而来的是幼儿完整身心的调动和激活,他们的多种感官都被自然和谐地调动起来,在活动对象、内容、方式上也享有了宽松的选择余地,户外的温度、流动的空气、光线、气味、声音等为幼儿的发展营造了更自然的背景,户外的动植物、社会环境中人们的活动等充满各种变化和刺激。在这样的场域中,幼儿的身心更舒展而自由。

在幼儿园课程规划和实施中,顺应幼儿的天性,主动创造条件让幼儿到户外开展各类活动,有助于幼儿身心健康和学习、成长。作为课程领导者的教师,要理解室内的活动和室外的活动幼儿都需要,要根据幼儿的需要主动去规划,做到"室内室外结合""动静交替",在安排幼儿的日常作息时,要结合气候的变化,作出主动调整,让幼儿有充分机会参与户外的活动。《幼儿园教育指导纲要(试行)》中提出幼儿每日要有两个小时的户外活动时间。如何有效保障幼儿户外活动有意义地开展、满足幼儿的成长,作为教师,可以作出许多主动的规划和实践。

合群

人是社会性动物,是在与他人的共同生活中生存和发展的。幼儿天性想要合群,天然地希望被其他人喜欢和接纳,喜欢在一起做各种事,参与多种活动。幼儿园是保育教育幼儿的机构,以班级为基本单位的日常组织形式,为幼儿创造了一种有一定规则的社会互动环境,生活在班集体中的幼儿各自的发展提供了相当多的互动和锻炼机会。可以说,幼儿在幼儿园里生活,不仅是一种集中安全看护幼儿、提供有效率的教育的方式,也是符合幼儿合群的天性的一种合理选择。

幼儿喜欢同伴,也愿意和同伴一起玩,这既是幼儿的特点,也是我们的课程目标。上海的学前教育课程指南中就把"文明乐群"作为幼儿发展的一个方面,看重幼儿通过在园与同伴的共同生活和游戏,学习乐于和同伴相处、建立积极的同伴关系,养成关爱他人、为大家的生活做贡献等品质。这也指引着教师在课程实施中多去思考和实践尝试,如何顺应和满足每一个幼儿合群的天性,去发展幼儿的个性品质和社会性情绪情感,让每一个幼儿都感受到他可以在同伴之中和谐、自然地生活,为幼儿健康成长涂上明亮的底色。

赏识

每个人都希望自己在他人眼中是"好的,值得爱和欣赏的",幼儿也不例外,这是人的天性使然。幼儿在与成人互动时,天然就希望获得成人的喜爱和认可,他们做很多事情来吸引他人的目光,获得来自他人(尤其是他们心里在乎的、重要的人)的关注和欣赏。得到足够关注、喜爱的幼儿,往往充满自信,大方而阳光,无拘无束,而被无意中忽略或者故意冷落的幼儿,会郁郁寡欢,也可能为了博得成人的喜爱而故意去"表演",甚至不惜用"犯错"来引起他们的注意。

教师是幼儿成长过程中的重要他人,当幼儿走进幼儿园,在教师的照料和关爱中获得教育,就和教师产生了直接的关系。班级中每一个幼儿其实都想得到教师的青睐和喜欢,希望得到教师足够的关注和关心。教师作为需要支持幼儿发展的人,要深刻意识到自己与幼儿的关系将影响幼儿的发展,不能放任自己不加控制地对部分幼儿表露出喜爱,而对其他的幼儿无视甚至漠视,教师要主动考虑怎样去关注并发现每一个幼儿的特点、个性和长处,思考自己怎样去欣赏和鼓励幼儿的发展,关注每一个幼儿是否都能得到和自己亲近、沟通的机会,并思考怎样去激励幼儿展开新的尝试和成长。这不仅是具有师德的表现,更是具有课程领导力的教师有意识的、智慧的行动选择。教育从根本上说是一种影响,发自内心地喜欢、赏识、相信每一个幼儿,是幼儿园教师作为课程领导者必须学习的影响幼儿的专业能力。

Q & A 来自教师的问题

Q1：我们提出顺应幼儿的天性,就是要减少对幼儿的影响吗？

答：我们提出顺应幼儿的天性,不是要减少我们对幼儿的影响,相反,是在更理解和尊重幼儿发展特点的基础上产生更适宜的影响。其实,这主要是针对在幼儿阶段,过度控制、要求、规范幼儿的做法而言的。幼儿年幼稚嫩,要依靠成人提供基本条件才能顺利成长,由于他们可塑性极强,为他们提供适宜的成长环境和条件,首先要考虑幼儿成长与生俱来的自然的倾向性。来自外界过早、过度的规范、规则,对幼儿的自然天性是一种压制,对幼儿身心成长的主动性是一种局限和制约。顺应幼儿天性,往往能够让我们的教育更有成效。在很多时候,我们甚至要提出"释放天性",尤其是在幼儿的艺术想象、表现和创造等方面,让幼儿敢于表露真实的自己、充分得到展现,这是呈现幼儿内心情感,保障幼儿身心健康、和谐发展的教育手段,也更符合我们对于艺术教育的本质的认识,即,幼儿艺术是幼儿表达自我和对周围世界的理解的方式,而不是去按照某些特定的标准去制造出作品的过程。

Q2：幼儿园可以为幼儿提供哪些符合幼儿天性的活动？

答：从课程的角度看,幼儿园的确可以并且需要提供符合幼儿天性的活动。一是幼儿身心发展阶段性特点对幼儿园课程的要求,不符合幼儿年龄特点的内容、实施方式,很可能对幼儿成长造成局限；二是选择了不符合幼儿天性、发展特点的内容和方式,在实施课程中会遇到困难。教育是教师和幼儿双方共同经历的过程,不考虑幼儿的接受度、实际参与可能而要达成教育目标,就是为难自己,并不是明智的选择。

幼儿园里符合幼儿天性的活动,就是那些支持幼儿自由玩耍,去户外、在大自然里和同伴一起开展的活动,在这些活动中,幼儿可以获得充足的时间、充分的机会去活动身体、探索、交流,感受自己的努力和成就,也能收获教师的喜爱、信任和期待。我们也可以从这些角度来考察分析一下,本园、本班级为幼儿提供的活动,哪些是符合和顺应幼儿天性而获得幼儿喜欢和参与的,又有哪些是因为违反了幼儿的天性而难以(或者没有)取得成效的。

还有,当我们看到幼儿自发产生的活动显现了幼儿的天性,例如幼儿非常喜欢玩水,会在任何可能的场合(包括盥洗、户外散步、喝水、下雨等)中,以出乎教师意料的方式玩耍,我们可以怎么做呢？其实首先要尝试去理解:玩是幼儿的天性,他们随时都可以被激发出玩的意愿和行为,根本不会刻意去区分"此时该不该玩",或者"该不该用这种方式来玩"。教师就需要在理解、接纳、包容幼儿特点的基础上,顺着幼儿的想法给予引导,可以是适当允许幼儿合理的行为,甚至可以根据幼儿的兴趣为他们提供更多的机会,以满足幼儿发展的需要。例如,幼儿在洗手时玩得热火朝天,是不是在告诉我们:他们喜欢玩水但机会太少了,可不可以在课程中为他们提供更多玩水的可能呢？

幼儿展示天性的时候,我们不需要担心,反过来,当教师发现有幼儿经常表现得"懂事、乖巧、听话、自己一个人待着、像个小大人"时,反而要给予更多的关注,也许幼儿曾经受过度的约束,需要通过在课程中提供相应的机会帮他们找回原来的放松、自然。

建立舒适的师幼关系

幼儿园教师是一份持续和幼儿打交道的职业,无时无刻不处在和幼儿的关系中。虽然我们通常在入职前就已经接受过专门的知识学习和培训,也知道"平等关爱幼儿"是师德的具体表现,与幼儿建立良好的师幼关系有助于我们开展教育,但我们还是常常在如何与幼儿相处这件事情上准备不足。

这在课程实施中有非常多具体表现,例如有教师会对幼儿有明显优越感,经常带着教导、规范、要求的口吻和幼儿说话,指使幼儿做到这个、学会那个。在他们眼里,幼儿是应该"听从"成人的想法和规定的。在组织活动中,教师很多时候用自己的想法来评判幼儿是否正确,有没有做到自己心里的标准,也听不进幼儿想说的话,只关注幼儿是否按照自己的要求去做事。同时,部分教师认为自己和幼儿的关系并不令人愉快,时常会有情绪失控的情况发生,感觉带班很容易受到来自幼儿的抵触,每天都筋疲力尽,无法体会到和幼儿相处的愉悦和幸福。

近年随着倡导教育者要树立"儿童立场",反思课程实践中的问题,教育者越来越注意要去除教师的自我中心,发现幼儿作为教育主体的存在价值和力量。但我们在如何确立教师和幼儿这两种教育主体之间的关系上的探索还是很局限,例如教师虽然有观察和倾听幼儿的"动作",但实际上看懂幼儿并转变自己对幼儿的认识的教师还不够多,利用幼儿园一日生活的整个时空,尝试和每一个幼儿建立良好关系并影响幼儿的意识不够强,往往出于责任心去完成活动的过程比较多，与幼儿主动建立积极互动方式而体会到师幼相长、通过爱和期待等发挥积极的教育价值的教师还不多。

我们提出幼儿教师要努力成为课程领导者，倡导教师在课程实践中，要在把握幼儿年龄特点的基础上，相信幼儿主动成长的力量，欣赏幼儿的努力和成就，对幼儿的成长抱有积极期待，从而影响幼儿。这种和幼儿建立关系的知识、能力，在一定程度上被我们忽视，学习上有欠缺，在工作中也长期缺乏分析和研究、改进的实践，我们是带着比较广泛的"师德"要求和"师幼互动"艺术来理解它的，忽视教师和幼儿主动建立积极的、令双方都舒适的关系的过程和相应能力、方法。

幼儿年龄小，受与成人的关系和情感的影响更多，而且幼儿园教师是整日、全方位和幼儿相处，教师与幼儿建立怎样的互动模式，对养育幼儿是极为关键的。所以，家长对幼儿园教师的要求始终是"喜欢（我家的）孩子"，而判断一位教师是否令人满意的重要标准也是"（我家）孩子是否喜欢老师"。

作为幼儿园课程领导者，必须学会正视和幼儿的关系，学会和群体以及单个幼儿相处的方式并传递教育影响，这在一定程度上也是一种"协同"，只不过这次协同的人是我们的教育对象——幼儿。具体来说，教师可以尝试这样去努力。

合理期待，欣赏成长

幼儿是年龄小的、不成熟的、成长中的个体，需要呵护、关爱、支持他们发展，这正是我们存在的价值。作为专业教师，首先要结合对幼儿的观察深入理解幼儿的发展特点，学习把握幼儿发展的阶段性、连续性等规律，知晓一般的幼儿发展知识。我们要懂得幼儿不同于成人，他们的发展在一定阶段是受制于经验、经历、知识和能力的，我们要对幼儿的发展水平有合理期待，完全不能以成人的标准来看待幼儿的表现和评价他们的成长。

相反,正是由于我们了解幼儿一般的学习特点、能力表现和水平,我们更能发现幼儿的点滴进步,他们在成长过程中的主动努力。优秀的教师因为对幼儿的一般发展过程和每个幼儿的发展节奏、速度差异足够理解和接纳,所以总能发现幼儿在进步、有成长,从而总是收获发自内心的欣赏和满足。他们更基于幼儿的发展,愉快地欣赏着幼儿按照不同的速度获得点滴的成长,敏感地发现幼儿在某些时间或者在某个事件的影响下的重大发展变化。我们时常听说"好孩子是夸出来的",不是说我们总是做到在嘴上夸奖孩子他就会成长得更好,而是说因为发自内心地看见了幼儿的发展而为他们高兴,这种"夸"甚至是超越语言的欣赏和相信。

因为教师懂得幼儿发展是个漫长过程,所以他们乐意为幼儿、也为自己留出足够长的时间来等待幼儿的成长,接纳幼儿成长的"慢"和"乱",是他们自然而然作出的课程实践选择。他们也愿意创造足够多的机会,让幼儿反复在活动中得到充分的锻炼,不追求幼儿通过一次活动就学会预设的内容,达成要求,而是把自己和幼儿相处、互动的过程看得更重要。他们往往会主动为幼儿的生活和学习安排舒适的节奏,让自己陪伴着幼儿慢慢向前走。

营造舒适的互动氛围

当我们走进不同的幼儿园班级,只需要待一小段时间,就能从师生之间、幼儿同伴之间相处的具体情境中,感受到这个班级的整体氛围。虽然氛围没有好坏之分,但能帮我们辨识出这是否是一个有益于幼儿生活和学习的环境。作为课程领导者的教师,会通过营造适宜的师生互动方式和相处方式,为课程的实施构造适宜的基础,通常这样的班级,可能给人这样的感觉:环境是有序不杂乱的,教师和幼儿情绪稳定、愉快,没有教师或幼儿的大声不受控制的叫嚷,师生之间和幼儿之间彼此用自然的语气和音量交流,集体活动时教师和幼儿温和互动，幼儿愉快、专注而投入，每个人都有机会表达和表现自己。分散的活动中即便幼儿在各处做着不同的事，他们也显得不慌不忙，有序、自在。没有人在指挥，但所有人都知道可以做什么，最好做什么……懂得做事的简单规范，知道适度等待，明白有需要的时候主动寻求帮助。有时候教师主动找幼儿，有时候幼儿主动找教师，他们的对话常是一对一、温和自然的，每个人都有足够的余地去安排自己要做的事，没有着急的催促、维持秩序和"告状"……在这样的班级里，每个人都感到自己是放松的，有选择的。

而这样的班级氛围，其实是教师在理解、掌握幼儿年龄特点的基础上，结合班级课程和活动日常开展的程序和普遍要求，静心循着幼儿的需求去营造的。这里面至少包含这些方面的考虑：对班级里通常开展的各类活动样态的掌握，对幼儿通常做事方式和速度的理解和把握，也有对那些有特殊需要幼儿的无痕关照，教师还会将自己的技能渗透在日常组织中，例如在活动的转换环节播放作为提示的音乐旋律，或者在幼儿进行自由活动时和幼儿一起弹琴并快乐歌唱。他们不只是关心遵守每天的作息和要完成的具体任务，更是主动去设想幼儿如何在班级中用怎样的节奏去生活。

让幼儿感受到积极期待

幼儿园的孩子很幼小，他们对自己的认识来自成人对他们的态度和反馈。幼儿最初开始相信自己的力量，很大程度上是因为成人相信他。

积极期待，简单来说就是我们发自内心地相信幼儿，确信他们拥有成长的力量，并且会越来越好。你是不是觉得有点奇怪：我们一直坚持正面教育，经常鼓励、表扬孩子，他们难道感受不到我们的期待吗？我们经常说，"幼儿是有能力的学习者"，这还不能说明我们相信他们吗？

其实，强调"让幼儿感受到积极期待"，主要是在说两件事，一是你是否真的相信幼儿,二是幼儿是否感受到了你的相信。大家熟知的罗森塔尔效应就是经过心理学研究的结论,教师无意之中在行动、话语、态度中流露出了对幼儿的关注、信任、欣赏,从而对这些幼儿产生了积极的影响。如果幼儿感知到了我们对他们的信任和欣赏,将对他们产生非常积极的影响。

作为课程领导者的教师,要知道自己的言行带给幼儿的是全方位的、潜移默化的影响,幼儿能敏感地从各种场合中体察到老师是不是相信他、喜欢他、爱他。幼儿如果认为你是爱他的、相信他是有力量的、能够欣赏他的,他就会越发朝着这个方向努力成长。比如,相信他们具有主动适应环境的能力,是一个主动的学习者和探索者,相信他们具有向好向美的发展倾向,都有不断发展和积极进步的意愿,等等,也就是说,对幼儿抱有正面、积极的态度,对幼儿的发展持有信心。对幼儿有积极期待的教师,哪怕是在遭遇到来自幼儿发展中的极大挑战时,也愿意相信幼儿,更不会轻易否定幼儿。这是教育者拥有正向、积极的儿童观的表现,拥有这种儿童观的教师,能够对幼儿产生积极、良好的影响。

相信幼儿,绝不是我们嘴上说说的,而是我们在深入了解每一个幼儿,打心眼儿里欣赏和爱上每一个幼儿的过程中产生的,是融化在教师和幼儿互动的态度、语言,甚至和幼儿默契的对视中的。所以,教师在游戏、生活等各种活动中观察幼儿,去真正发现每一个幼儿的优点、长处和个性,学会去欣赏每一个幼儿,是幼儿感受到自己值得被老师信任和欣赏的关键。教师不妨闭起眼睛想一想,对于自己班级里的每一个幼儿,你都能发现他的闪光之处、欣赏他的独特价值吗?如果还没有,就请设法去找到吧,因为那对幼儿的发展很重要。

足够敏感足够"懂"

作为陪伴、指引幼儿成长的教师,要实现对幼儿的积极影响,不是靠我们按照规定和要求去闷头设计、安排各种各样的活动就可以达成的,关键是要带着一颗足够敏感的心去感知幼儿的发展和变化，从幼儿身上看起来杂乱的、此起彼伏的行为表现和话语片段去体察这些东西的背后告诉我们些什么，幼儿有什么发展需求，幼儿在怎样发展。我们观察、记录和分析，都是为了更好地读懂幼儿，以便更适切地为他们的成长提供支持。其实，仅仅是懂得幼儿，和幼儿心意相通，教师都会收获满满的幸福感和成就感。而正是因为走近幼儿，教师对幼儿才可能实现积极的教育影响。

教师们可以这样做来让自己更加懂幼儿：一是认真对待每一个幼儿，尝试每天都有单独的机会和他们沟通，尤其是在松散的自由活动中多和那些平时没有机会表现自己的幼儿互动，让他们感到教师喜欢他们。其实这不需要很多时间，哪怕就是和幼儿有一个深切的对视，让幼儿知道教师在关心他。二是认真倾听幼儿的话语，当幼儿和我们说话时，我们要真的在听，而且要回应他"我听懂了，你是想说（让我）……"，同时，真的按照你们的约定去做。很多教师会忽视和幼儿的约定，比如经常说"我们回教室再……""我们下一次再……"，但其实只是对幼儿的敷衍，没有后续。这样做让幼儿失望，也让他们感觉到教师对他们的不在乎。三是仔细观察幼儿，感受他们情绪的波动，和幼儿谈论他们关心和感到焦虑的问题，尤其是在成人看来似乎是不必要的话题，比如某幼儿由妈妈接送换作由奶奶送来，导致他情绪不高，或者某幼儿和同伴产生矛盾整日都不开心，或者被老师批评了不知所措……这些在教师看来都是小问题，或者不是问题，但对幼儿很可能是无法理解和把控的事，教师要主动、耐心倾听幼儿的想法，理解并帮助幼儿接受和化解。当然，也包括在幼儿不想谈论的时候尊重他们，等待适宜的时机。

成为吸引幼儿走近的人

幼儿园的教师有各自的性格、态度和做事方式，其专业发展水平也各不相同,所以尽管我们都希望和幼儿建立良好的关系,但总有一些教师更加受幼儿喜欢,幼儿会更愿意走近他们,和他们交流、说话、寻求帮助,甚至在家长面前说某位老师更好。排除掉幼儿的不成熟的"偏见",我们会发现教师是否能成为幼儿喜欢的人,其实是一门和幼儿打交道的艺术。但是掌握这个艺术的窍门,不是教师各自专注自己身上的修炼,而是从幼儿身上去找答案,幼儿更喜欢怎样的教师。建立师幼关系,是关系双方共同构建的过程,这个过程通常是教师主导和发起,但关系是否形成、品质如何,往往要幼儿说了算。

我们可以尝试通过以下这些方式来努力成为幼儿愿意走近的人:①多花时间和孩子们待在一起,观察他们的言行,真正对他们的所思所想感兴趣,"好奇孩子的好奇"。②学习掌握一些吸引幼儿的技能,例如一位会拉手风琴的教师可以自然、随时地拉琴给幼儿听,为幼儿合唱自如地伴奏,幼儿对教师的技艺很是佩服,喜欢跟他一起唱。③和幼儿建立个别化的互动关系,形成默契,可以约定只有你和幼儿之间才使用的暗号、话语,让幼儿感觉自己的特别。④给幼儿无条件的信任,相信他们是向好的,哪怕做了"坏事",其背后一定也有合理的需求,例如总是"搞破坏"的幼儿实际上可能是在寻求同伴的接纳,他想和同伴一起玩,但是还没学会正确的方法。

Q & A 来自教师的问题

Q1:让幼儿感受到积极期待,我们该如何向他们表达?

答:让幼儿感受到教育者对他们的期待,实际上是在做一件向幼儿传递我们教育目标的事。我们通过这样的过程,让幼儿更加具体地知道,我们心里的"好孩子"是怎样的,他们是如何做到的。这样在我们的期待和幼儿的具体表现之间建立一种关联,让幼儿更加理解,并主动去争取做到。当然,对不同的幼儿,方式方法绝对不是唯一的。

我们对幼儿的相信要直接、大声地说出来,即我们要经常向幼儿表达期望。比如,一名幼儿思维能力强,但内向、不太主动表现,他可能不太自信。如果你相信他是有能力的,你就要把你看见的他的良好表现讲给他听,让他感受到,你是真的看见了他的努力和成就,你理解他、相信他。从而,他也对自己更有信心了。

看幼儿园提出培育"阳光儿童",这是幼儿园的课程目标,也反映了园长和老师们对幼儿发展的期待。可是,什么是阳光儿童呢?怎么做才能让幼儿理解并感受到老师的期待,从而相信自己的力量呢?老师们和幼儿聊"什么是阳光儿童",了解幼儿心目中的阳光儿童的形象。有的孩子说,阳光儿童是爱笑的,有的孩子说阳光儿童是爱帮助人的。所以,老师们就用幼儿的口吻来拟定阳光儿童宣言,比如,"我受到过很多人的帮助,我也愿意尽我所能帮助别人。""我能表达我自己的想法,我也能耐心倾听别人的想法。"通过这样的过程,幼儿不仅理解了老师对他们的期望,也发现自己就是可以这样去做的人。也就是说,让幼儿听得懂、能理解很关键,所以要结合幼儿生活和学习中的具体表现让幼儿明白。

让幼儿感受到我们的积极期待,不仅要从语言上经常、反复向幼儿表达,引导幼儿的行动和表现;更要和幼儿建立牢固的、相互信任的师幼关系,让幼儿感知和体验到教师对他的认可与相信,让幼儿感受到被尊重、被理解、被相信,愿意向着教师的期待而努力,这将成为幼儿主动发展的内在指引。这就是教师作为课程领导者,在整合幼儿自身成长的力量。

Q2:我们怎样做才能更"懂"幼儿,为幼儿发展提供支持?

在提供高质量保育教育的过程中,每一个老师可能都期望自己更"懂"幼儿。完全懂幼儿可能我们做不到,但我们的确可以靠自身的努力更加懂得幼儿的表现在说明什么,懂得发现和甄别幼儿的表现背后有什么发展需求。

一是，仔细观察幼儿，尝试结合幼儿发展规律对幼儿的行为表现作出解释。例如，参照《3—6岁儿童学习与发展指南》，理解幼儿在某些方面可能处在什么阶段，以这样一些比较系统呈现幼儿的发展阶段和特点的研究成果、文件作为我们解读幼儿发展的参考体系，帮助我们做到对幼儿发展的特点和典型表现"胸有成竹"。二是，尝试把幼儿的表现放在具体的事件、情境中去理解。幼儿的行动，都是有目的的，不放在具体情境中而是单独抽取出来看，往往会被误解。所以，回到"故事发生现场"中去找幼儿的真实想法、背后的原因，往往能帮助我们获得对幼儿真实的理解。三是，要对幼儿有持续关注的意识，要在生活中各处场景下自然获得幼儿发展的信息，整合这些信息，以便更完整地理解幼儿，而不是仅凭某一件事中幼儿的行为来判断，注意幼儿是活生生的发展中的人。四是，要真正倾听、体察幼儿，尝试从表面现象中看到幼儿发展的能力和发展需要，例如观察三个发生矛盾的孩子各自的表现和陈述过程，你是否能发现每个孩子的目的是什么？他们三人相处时表现出的相互关系和地位是怎样的？他们沟通时呈现出的语言表达水平和社交技能怎么样？各自需要什么方面的发展指导？这是教师基于幼儿的发展提供有效、专业支持的基础，也是广大教师面临的专业发展新挑战。

让幼儿在集体中成长

幼儿园是集体的教育机构,是很多幼儿在一起生活、学习和发展的地方。在这里,幼儿教育的专业工作者按照教育目标,共同为他们创设适宜的环境、提供适宜的课程,让幼儿在一日生活各种活动中共同成长。

幼儿从进入幼儿园就被归入一个班级,并持续在这个班级里生活。班级教师、保育员和几十名幼儿构成一个相对稳定的集体,幼儿在园的学习和发展基本是在以班级为主的单位中,通过教师实施的课程获得的。幼儿园课程也是为所有幼儿提供发展支持的课程体系,默认幼儿是生活在集体之中的。

我们虽然对幼儿园在幼儿集体中实施课程的方式非常熟悉,甚至对课程中每一类活动的特征和实施要求也非常明确,但是可能很少有意识地思考,几十名幼儿在一起的课程实施,该如何发挥幼儿"在一起"的价值。显然,除了"一起教育"带来的效率追求,还有其他更重要的价值。

人是社会性动物,不可能独立存活而健康发展,人的社会性必须通过把人置于非个体的场景中才能获得,与此相关的情绪、情感、能力等方面才有机会得到锻炼。幼儿园,具体来说是班级,几乎就是幼儿离开家庭走进社会的第一站。如何为幼儿创设适宜的集体生活和学习的条件,如何在集体中发展每一个,是幼儿园课程实践必须回答的。

在一般人的感觉中,幼儿园是集体教育机构,对幼儿融入集体有许多规范和要求,甚至有人把"全体""集体"和"每个幼儿"对立起来,实际上,这是一种观念上的混淆。幼儿园的确是在集体中开展教育的,但目标是指向每一个幼儿的发展,集体不应该成为"统一""标准""相同"的代名词,而应该成为幼儿发展的完整背景、肥沃土壤,幼儿园课程就是要让每一个幼儿都在集体中获得充分发展。每一个幼儿都在共同的集体中,找到每一个存在的价值和贡献,也通过和其他个体的互动获得积极的关爱的关系、丰富的锻炼机会,在共同的活动中体验归属感。我们要通过课程和幼儿共同构建一个支持性的成长集体,并使每一个幼儿在其中获得健康成长。在前面的章节中,我们已经提及过"关注每一个幼儿",阐述过集体和每一个的关系,下面的内容主要围绕如何构建适宜的集体、"共同创造有价值的幼儿园生活"展开说明。

共商并遵守班级规则

班级是幼儿的成长天地,班级里运行的规则应该由谁来制订呢?部分教师似乎从来就认为制订班级规则、设定活动程序和要求等是教师的职责,幼儿就是按照教师的规定来做事和参与活动的,教师会为幼儿考虑并安排好一切。当然,他们也一定不会否认,幼儿可以参与规则的制订,只是心里并未意识到幼儿可以如何参与,也没有给过幼儿参与制订规则和程序的机会。

其实,幼儿不仅是班级规则的实践者,作为班集体中的一员,他们应该拥有机会参与规则制订,前提是教师意识到幼儿是主动发展的、是和我们平等的主体,我们不仅要"帮幼儿作决定",还要从发展幼儿的角度"调动幼儿参与作决定",他们要在这个过程中获得未来参与规则协商、制订和执行的经验。

我们可以在建立起初步的班级课程运作常规的基础上,观察幼儿在其中的活动情况,当幼儿出现问题、困难、发生矛盾等情况的时候,就主动调动幼儿来参与讨论,把这些都作为可以提供给幼儿的锻炼机会,例如游戏活动的整理环节,幼儿们有的主动积极,有的拖拉被动,有的完全不参与整理只顾继续玩。我们是自己单方面强调整理玩具材料的要求呢,还是发动幼儿一起来面对这个情况,让幼儿说说自己的想法和可以怎么办,按照商量的结果来实践呢?显然,从一日生活皆课程的角度来看,后者更适合我们。在课程实践过程中,这样做可以发挥幼儿主动性,共同制订和调整规则。尊重、调动每一个幼儿的机会还有很多,关键是看我们是否把它们视作幼儿发展的机会。

另一个值得提出的点是,班级中的成人(教师和保育员),如果将自己视为班级的一员,最好也参与规则的制订,并按照共同商量的约定,遵守班级规则。这不仅是在要求教师"以身作则",更是传递和幼儿相处的平等,为他们以后参与社会生活作出良好的示范。

展现力量、有所贡献

每个幼儿都是有力量的学习者,就看教师是否有这个意识去发现。我们在和幼儿的相处中,总能发现那些积极主动、能力突出的孩子,不仅自然而然地占取了教师更多的注意力,同时也往往获得了更多的锻炼机会,例如在集体活动中发言次数更多、在班级中有更多机会协助教师做事等。其实幼儿都有想要展示自己力量的愿望,也希望被人认可,而集体的生活就是可以为幼儿创造这种机会的最好场域。

共同的生活和活动,为幼儿创造了展现自己与众不同的个性的机会,也为有不同优势、潜能和特点的幼儿提供了宽广的舞台。所以,首先我们要打开欣赏幼儿的视野,看见一个充满了不同幼儿的集体,看见每一个幼儿想要表现自己的愿望,创造和利用所有机会,提供给幼儿在集体中展示自己的机会,让他们学会相互学习和欣赏彼此的力量,也体会大家在一起做事的力量。在集体中发展每一个,就是要让每一个幼儿都在参与展现中不断发现彼此的不同,发现他人的价值。这是我们从小就可以在自然的集体生活中教给幼儿的重要方面。

相反，如果只是根据自己的偏好提供机会给自己喜欢的幼儿，或者只看重某些幼儿的某些方面的出色能力，就剥夺了其他幼儿的发展机会，或者忽视了幼儿其他的发展成就，这样"随意"的教师，是缺乏幼儿发展意识的，也和我们期待的幼儿园课程领导者相去甚远。在集体中培育每一个幼儿的自信、体会自己的力量和贡献，是幼儿园课程领导者智慧的教育选择。

构建爱和信任

幼儿园是一个用爱去培育爱的地方，幼儿园的课程不能忽略爱的基本底色。幼儿年龄小，需要成人的细心呵护和关爱，爱孩子是幼儿园教师职业必备的要求，但仅限于此就显得肤浅。爱是一种美好的情感，可能包括一切指向人与人之间的积极关系，喜欢、欣赏、相信、积极的期待等都是爱的构成。在幼儿和教师共同组成的集体中，爱可以成为一种存在于所有成员之间美好的关联。

教师完全可以用在师幼之间、同伴之间建立爱、信任的方式来实践课程，而这种隐性的、潜藏于所有活动背后的东西，可以为幼儿身心和谐发展、为课程的实施奠定更为愉悦、高尚的基调。我们不是要去谈论空泛的爱，而是要把爱融在幼儿园的一日生活当中，像阳光、空气和水一样存在。

具体可以这样做，引导幼儿相互关心、彼此尊重、自然平和地说美好的话，引导幼儿发现和欣赏别人身上优秀的、值得赞赏的地方，同时懂得遇到问题愿意求助、公平地表达、原谅他人的过失，等等。这一切的关键，其实在于教师是否站在创造幼儿发展机会的立场上，把这些都视为促进幼儿发展的课程，作为追求高质量课程实施的基本内涵。

分享、安全感和边界感

幼儿园是一个集体教育机构,是许多幼儿生活在一起的地方。在这样的环境中,幼儿要学会和其他人相处,学会基本的交往技能,例如懂得并做到要"分享""轮流"。通常,幼儿园教师也会将这样的行为视作是幼儿需要习得的。这在一定程度上体现了幼儿园教育培养人的社会性的基本要求,甚至有些幼儿园把这作为课程目标提出,许多家长也会用这样的要求来规定和指导幼儿的行为。

如果能通过幼儿园的课程实施引导幼儿分享的意愿和行动当然是好的,但必须提示的一点是,幼儿正处在自我中心的成长阶段,他们首先需要获得的是周围的环境和人对他们成长需要的满足和尊重。幼儿园里经常发生幼儿之间抢夺物品、抢占座位、不愿意一起玩、争抢成人的注意等行为。心理学研究发现,在幼儿期享有过成人饱满而充分的"给予",体验过充分拥有的幼儿,更能主动表现出分享的行为。一是他们从身边的成人那里学到了不求回报的分享的行动,二是他们内心充满了因为拥有而带来的富足感,心理上体会过享有成人的爱的安全感,没有因担心物质和爱的不足而产生的"匮乏感",对于把自己拥有的事物,无论是物品,还是情感上的爱和关心等,分享给他人都表现得主动、自然。

所以,虽然分享、轮流等美好的行为可以作为我们教育幼儿的目标,但千万不要把"目标"和"达成目标需要怎样的条件"混淆起来,在幼儿没有准备好之前,就要求甚至强迫他们做出这样的行为。而是要充分尊重幼儿对物品的拥有或优先使用,确保幼儿之间有边界感,不随意用"应该这样做"打破幼儿对物品的"所有权""时间""空间(哪怕是一张小椅子、一个属于幼儿的小抽屉)"感受,让他们体会到安全感,在幼儿准备好愿意分享之后,再引导他们尝试,并体会和他人分享带来的快乐感受。

接纳冲突，辨析需求

人是社会性动物，幼儿的社会性发展也必须在各种各样的群体互动中进行，幼儿在园时时刻刻都生活在集体中。所以，幼儿园，尤其是幼儿所在班级的幼儿共同构成的集体，是幼儿获得社会性发展和相关能力锻炼的极好场所。幼儿在和教师、同伴相处的过程中，会主动或者无意间观察他人的行为表现，模仿他们的行为，自然习得一些与社会性发展相关的技能，理解一些基本的规则和道理。但是，更多时候，他们在自己亲身经历的事件中得到锻炼并获得发展。比如在班级中，经常发生幼儿之间的争抢情况，幼儿之间也会产生"跟谁玩""不跟谁玩"的矛盾，也时常会有一些"招人烦""套手脚"的"皮孩子"。这些现象正是幼儿不成熟的表现，是他们在学习建立人与人之间的关系，发展社会性交往技能、拥有同理心、会移情等的过程，也是教师可以通过课程来为幼儿创造的发展机会。

所以，教师不要把这些情况视为"不应该出现"的"错误"，而要选择理解幼儿的立场，接受这在幼儿身上是最自然不过的事，是他们发展水平的表现（这样看待也可以有效帮助教师控制自己的情绪）。我们要做的，就是观察这些情况并能够去解读、分析幼儿的表现在告诉我们什么，说明幼儿处在什么水平的发展阶段上，辨识出他们的发展需要，从而在更加深入了解幼儿的基础上，制订自己的教育方案或计划。比如，有的幼儿是班级里的"淘气包"，他总是去破坏其他幼儿的活动，引得其他幼儿和他发生冲突或者找教师告状寻求帮助。这表面上看起来不好的行为，其实很可能就是幼儿在用行为告诉教师"我想加入他们一起玩，但是他们不接受我""老师，我想你来关注我，我只要有做不好的事，你就会来了"。幼儿可能并不能了解自己的发展阶段和发展需求，他只会用行动或者语言简单表达。

教师要学习通过观察幼儿在集体中的表现，看见幼儿个体在集体生活中的苦恼、诉求，以及这些背后所表达的发展的需求。只有搞清楚背后的缘由、老师能够为幼儿的后续发展提供怎样的机会，才会有意识地把它们都纳入幼儿发展的课程，作为最自然的教育内容和载体，自然而然地培养和推动幼儿在原有水平上发展。

Q & A 来自教师的问题

Q1：集体教育怎样才能兼顾个性促进每一个幼儿的发展？

答：幼儿园的课程是为所有幼儿准备的，并且大部分时候是幼儿一起开展的，但是，不要忘记了，不管我们如何做，最终目的都是为了达成每一个幼儿的发展。也就是说，我们强调幼儿在集体中学习和生活，但肯定不是为幼儿的发展设定统一的标准，而是让幼儿在共同参与的多种活动中，展现他们各自的特点，在教师的指引和帮助下，获得他们各自的发展。而我们必须接受的是，这个发展进程的速度、方式都是受幼儿自身的特点影响的，所以一定会不同。幼儿园的课程，就是一片开阔的、指向幼儿"可能的发展"的场域，教师通过创设适宜的环境，丰富而可选择的内容和方式，推动幼儿在其中去和周围的人和事物互动，并达成每一个幼儿的发展。

同时，幼儿通过和集体，以及集体中的不同的更小的集体、其他幼儿互动，他们相互模仿和学习以获得进步，也产生困难和冲突并在其中获得锻炼。如果教师学会观察和解析幼儿的发展水平以及需要，就会把握这些随时发生的机会，有针对性地为不同幼儿创造学习和发展的条件，引导幼儿在不同方面，或者在相同方面的不同水平上获得各自的发展。

Q2：有的幼儿不善于在集体中表现该怎么办？

答：这的确是一个必须想明白的问题。幼儿由于个人气质、性格、成长环境等因素,在班集体中显现出不同的活跃状态。每个班级都会有相对"不善于在集体前表现"的幼儿。教师希望自己班级里的幼儿都活泼热情、乐于表达表现,得到大家的关注和喜欢,但这是不可能的。其实,我们要认识到的是,每一个幼儿都是独特的,他们不会因为我们的偏好而长成我们期待的模样,尊重他们本身的特点和成长过程才是教师应该秉持的立场,这说的是接纳。

更重要的是,幼儿正是因为生活在集体中才显现出各自的个性和特点,其他幼儿衬托出了"这一个"的特别。设想一下,如果整个班级都是一种样子的幼儿,这会多么可怕(也不可能),这个世界、这个幼儿组成的集体正是因为有万千不同的幼儿而丰富多彩,这才是我们必须尊重和期待的未来人才的多种可能发展的样子。所以,不要期待幼儿都在集体中"善于表现",即便我们对幼儿都有朝这个方向去发展的期待(即"更善于表现"),也要怀着有差异的期待。

最重要的是,教师不要误解"在集体中善于表现"是必须让幼儿去实现的目标。有的幼儿(包括成人),有可能永远也做不到这一点。更主要的是,他们可能也不想做这样的人,他们只需要知道身处集体中,能够和其他人和谐相处,并且能够认可自己、对自己的存在方式觉得舒适和满意就足够了。成为那个"不善于在集体中表现",但思维灵活、内心丰满、可以默默欣赏他人的人,可以和最好的朋友单独交流,也是很好的。

Q3: 怎样在班级中开展关于合作的教育更有效?

答:出于对幼儿未来发展需要的素养的共同选择,幼儿园教师通常非常关心如何引导幼儿之间多产生合作行为,因此经常在课程实施中,寻找和创设这样的教育机会,例如让幼儿分成小组共同完成某项任务,这种过程里通常需要分享材料、安排事情的先后,包含着各种需要分工的小任务,等等。引导幼儿学习合作的想法没有错,但是,我们经常发现,在这种教师安排的"合作任务"下幼儿获得的往往不是"合作"的经验,而是"争抢材料""彼此不相让"或者"有人做得很多,有人几乎没有机会参与"。这当然能反映幼儿发展需要学习合作,但是这个过程本身并不能引发幼儿的合作。

与专门安排的合作活动相反,我们去观察幼儿在游戏活动中的自然表现,经常会看见几个自发在一起玩耍的幼儿为了达成一个目的,例如在沙池里挖通并铺设一条长长的不漏水的水道,他们彼此之间有商有量,相互倾听、协助,每个人都关心过程中的每一步,给出建议,一起尝试,即便给出的建议和操作被同伴否定,他们也不在意,继续参与,直到最后达成目的,大家都开心地继续玩耍。其中的合作自然而然,无需外在的提醒和要求。

所以,值得教师思考的是怎样认识合作,以及对幼儿能主动合作的相信,还有对于发展幼儿的合作行为的方法的选择。有课程意识的教师,就会认真思考,怎样的条件、怎样的活动实施过程,才能更有效达成教育目标。其实,在游戏中,幼儿是因为有他们达成共识的共同目标和任务而自发结伴的,活动目标的达成对所有参与的幼儿都是有利的,他们共享这个过程和成果。而教师创设的教育情境下的合作,往往目的也不是幼儿达成共识,过程中又受到材料选择、机会不公平等因素的影响,甚至最终完成任务的结果也只是教师需要的,并非每个幼儿都想要的,所以,他们自然对完成这样的"合作任务"提不起兴趣。

在日常生活中指引幼儿发展

我们提出教师和幼儿共创有价值的一日生活,其实首先是强调教师和幼儿的主体关系。幼儿的发展是教师保教工作、课程实践的核心和动力,也是教师实施课程质量的最重要的判断依据。幼儿和教师这一对教育主体,是以幼儿为中心的,教师的存在是为了幼儿的发展,教师在课程中所选择的位置,应是为了服务于幼儿发展的,教师最重要的价值就是为幼儿发展提供适宜的环境和条件,尤其还需要将教师自身作为最关键的要素,发挥积极影响、推动幼儿发展。

教师是幼儿发展的专业支持者,所以,要带着对幼儿自然发展规律的把握和尊重,以及对幼儿未来发展的期待开展创造性的工作。教师当下和幼儿怎样相处,如何对幼儿的发展保有积极而合理的期待,以及如何做,才能在日复一日和幼儿的共同生活中,成为他们发展的引领者、陪伴者、支持者,是值得教师始终探索的自我追问。

回到最平常的幼儿园一日生活,它们是由无数最平凡的一时一事连续不断地更迭累积而成的,看似平淡、重复,但恰恰是这种波澜不惊的日常中蕴藏着幼儿发展的无数可能和走向,正是"随风潜入夜,润物细无声"的最恰当表达。具体说来,教师每日和幼儿的相处,对幼儿产生积极影响的方式主要有两种:一是作为和幼儿持续、密切生活在一起的成人,以自身的言行随时无声地向幼儿传递教师自己关于人的发展的理念、主张、价值观、优良的习惯等。二是亲自为幼儿精心准备、选择他们成长需要的养分,课程的内容及实施课程的方式,让幼儿获得多方面的生活和学习经历，为他们的全面素质启蒙奠定良好基础。

而这两个方面，在我们的课程实践中看似已经有所规定，但教师在其中发挥主体性，用行动作出价值选择的可能空间还是很大的。教师如何才能富有主动性和创造性地指引幼儿展开他们的生命成长过程，下面是一些具体的建议。

引导幼儿尊重自己的感受和体验

对生命的尊重，是教育要秉持的基本价值。幼儿虽然年龄小，但他们是独立的、成长中的人，对幼儿人格和成长阶段的尊重，是师德最重要的基础。在幼儿园里，与教师相对，幼儿是稚嫩、脆弱的一方，他们的生活、学习在很多方面都依赖成人，因而在与教师的关系中，必然是容易处于"下方"的位置上。和教师天然对幼儿享有一种"自上而下"的"权威"感相对，教师要面临的挑战，恰恰是有意识地克服自己对幼儿发展上天然的"发言权、决定权"，真心实意地、平等对待幼儿，对待每一个成长过程中的生命。虽然教师的所知所能比幼儿多了许多，但这并不构成我们可以天然"要求、指导"幼儿的优势，从"成长是生命最可贵的"来看，如果教师固化对自身的认识，也看不见幼儿的主动成长，教师才是那个落后的人，而幼儿的发展是主动而快速的，是充满希望和力量的。

所以，那些从身边幼儿的发展变化中不断加深对教育的理解，不断审视自身教师角色适宜性的教师，往往都分外尊重幼儿，会认真倾听幼儿的对话，会在和幼儿说话时自然下蹲，以保持和幼儿目光的平视交流，对待幼儿的态度平等、温和，会自然而然地向幼儿表达理解、欣赏和相信，幼儿会从教师对自己的尊重中发现自己是值得被尊重和爱的。

尤其，教师可以有意识地结合不同的情境，自然向幼儿传递"你是特别的、你是与众不同的、你有你的长处""你可以在你想去做的时候再去做"等这样的观念。他们会自然地引导幼儿尊重自己的内心体验和感受，例如当幼儿吃不下饭或午睡时间睡不着时，教师会理解并允许幼儿选择，哪怕幼儿"犯错误"之后，教师也会和幼儿交谈，让幼儿学着去懂得"我这样做是因为我……"。这样的教师不会用"时间到了，每一个孩子都要去喝水"去要求幼儿，而是引导幼儿去感受"我是不是口渴了，渴了可以去喝水"。他们让幼儿始终主动去感知自己，并为自己做决定。而幼儿也会在这样的教师的影响下，越发尊重自己的体验，也尊重自己所拥有的为自己负责的行为，所以他们并不会"趁机"为所欲为。相反，那些长期不被尊重的幼儿，才会在教师稍不注意时就"放纵自我"，与被控制和被要求时判若两人。而前者，更应该是我们培育幼儿的方向。

用行动去示范

幼儿是通过自己主动的观察和实践来学习的，尤其是成为怎样的人，该如何做事、如何相处、如何养成良好的日常生活习惯等方面。他们会带着自己的认识，细心扫描身边的人和发生的事，并主动形成自己的理解，然后在合适的情境中，自然地表现出来。我们常说"龙生龙、凤生凤"，外国的谚语中也有"The apple never falls far from the tree"来说明父母对儿童发展的重要影响。其实，幼儿园教师与幼儿相处的时间比父母与幼儿相处的时间还多，幼儿受到教师影响是毋庸置疑的，教师如何做事、如何待人通常会在幼儿身上有所反映。教师是幼儿模仿和学习的天然而"应该"的对象，这也是社会对教师职业的道德和行为要求比较高的一个原因。

所以，当教师期待幼儿成长为怎样的人，就要亲自示范成为这样的人。比如，教师希望幼儿学会照顾自己身体的需要，养成健康生活的习惯，就要避免规定幼儿按时定期饮水的做法，而要在各类活动中、过渡环节、起床后等都为幼儿留出饮水的时间，甚至可以直接做给幼儿看，"我有一些渴了，想喝点儿水"，然后自然地拿起自己的水杯饮水，同时启发感到口渴的幼儿都像自己这样做。教师如果选择健康的生活方式,可能幼儿就不会有在他的生活里见到他的手边有不健康的饮料的机会。幼儿还会向教师学习如何与同伴相处,如何和他们说话、怎么看待他们。有意识的教师一定会从幼儿身上发现自己的影子,并主动反思。幼儿的习惯,不是靠教师的口头要求和指导养成的,更好的方式是"习得",通过日复一日长久的自然行为而获得,如果教师有自己内心认可并养成的好习惯,自然而然地就会成为幼儿成长的榜样。这样的影响往往比一次专门准备的谈话活动、技能学习要有效得多。

给幼儿读图画书和讲故事

阅读是让人终身受益的活动,在任何的幼儿园和班级里都有图书,尤其是那些教师主动提供给幼儿阅读的图画书,它们有的装满了活动室的整面墙,有的只有几本陈列在幼儿专属的阅读区里。虽然图画书的数量在一定程度上已经反映了幼儿是否可以有充分的阅读机会,但真正管用的,是教师是否在课程实施中,有意识地设定一些阅读的时间和方式,并让这一切发生在教师和幼儿身上,乃至成为一种习惯。这一点是在幼儿园的课程实施中被忽视的。教师可以有计划地安排一些和幼儿共同阅读,或请幼儿独立阅读的时间,并对这两种阅读都积极支持、亲身参与,让幼儿体会到,阅读在班级里是自然的、被允许和支持的活动选项。

挑选适宜的图画书提供给成长中的幼儿是一项技术,教师不仅要知道图书中蕴含哪些道理可以传递给幼儿,更要有儿童的情趣,也要有艺术鉴赏者的眼光,这样才可能避免图书成为说教的工具和幼儿艺术审美感受的"天花板"。尤其要注意的是,图画书不是为教师教育幼儿而存在的,它本身最大的价值,是吸引和启发不同的读者形成自己的理解和体验,学到他可能学到的东西。所以,我们在为幼儿选择图书推荐给他们时,首先要做到的是"不以识字为目的",去除对书本内容狭隘的自我理解,可以带着教师自己的阅读体验,倾听幼儿的看法,允许他们有自己感兴趣、好奇、疑惑、看不明白的地方,甚至形成自己的理解并表达出来,这是阅读的本质。

幼儿喜欢教师给他们讲故事,结合图画书,我们就有了更多的话题、更具体的画面、文字可以去交流。幼儿也喜欢教师给他们讲故事时投入的神情,故事的发展在每一个幼儿心中都构成了一幅不一样的画面,提供给他们展开想象的空间,也让幼儿知道,书页上画面、文字或符号可以代表一些具体的意思,这也是为幼儿做早期阅读和书写的准备。所以,教师给幼儿讲故事,或者应幼儿的要求讲述某一本图画书,千万不要问太多的问题,把讲故事变成师生问答,而要让幼儿沉浸在故事的情节发展中,可以的话,让幼儿来提问题,大家围绕着幼儿的好奇和疑惑展开的讨论,会更加有趣而吸引幼儿。同时,幼儿在整体感受和了解图书内容之后提出的问题,比教师按照自己的理解切割和选择局部画面引导幼儿的讨论,对幼儿来说更具价值和意义。

与幼儿用艺术舞动身心

和幼儿一起歌唱和舞蹈,恐怕是最符合一般人对幼儿园里教师和幼儿生活在一起的美好画面的想象了,它代表的是一种无忧无虑的快乐童年时光。但是,现在当我们走进幼儿园,却很少听到幼儿歌唱的声音,也不太见到愉快的舞蹈场景,这不得不说是一种遗憾。虽然我们也安排音乐的教育活动,也为幼儿编排律动,但似乎都是在为了做这些事情而做。那种发自内心地表达自己的丰富情感的音乐、歌唱和舞蹈太少了。幼儿都在"应该"做这些事情的时间段里才去做。而美术活动通常也是这样。虽然在课程当中尽量安排音乐、舞蹈的活动,但幼儿园里属于教师和幼儿的艺术时间还是太少了,这是幼儿获得艺术滋养最重要的内容的缺失。在人一生的发展中,艺术要成为一种生活的方式而存在，以满足人的富有创造性的感受和体验。

作为课程领导者的教师，要把和幼儿整日的相处，设法变得更加充满艺术气息一些。除了根据课程的要求，组织安排幼儿参与一些艺术活动，学习和提升幼儿相关的能力，更重要的是要为幼儿创造一种像艺术家一样的生活状态。无论是有艺术性的教室环境的规划，还是用各式音乐自然地充满着幼儿的日常生活，幼儿吸收和展示艺术的通道是随时打开的，哪怕在户外游戏时、散步或午睡时，他们都可以随时展开艺术家般的想象和创造，例如观察一片色彩斑斓的树叶，讲一个自己编的故事。

这一切的关键，还是教师是否用这样一种艺术的眼光来打量和创设艺术欣赏和表达的机会。幼儿和教师在一起，完全可以过更加富有艺术气息的一日生活。这样的熏陶，比简单的学会几首歌曲、画出几幅画作，更加符合一日生活的本质。而这些东西的达成，主要依靠的是教师是否认为艺术是为人的发展提供滋养的，艺术是由人创造的。幼儿也是在这样的环境和教育中，获得这样的概念和生活方式的。

参与传统文化活动

中华优秀传统文化，是幼儿园原本结合幼儿的日常生活就在开展的教育内容，尤其是在传统节日、节气庆祝等场合下，教师一定会自然而然地安排和组织相关的活动内容。但我们也经常发现其中隐藏着两个割裂的现象：一是只在某些节气、节日时，我们才想起为幼儿安排一些"标志性"、程式化的活动，例如中秋节观赏菊花、讲"嫦娥奔月"的故事，但在日常生活中对传统文化元素如何存在于幼儿的一日生活中缺乏意识和设计，如何通过提供典型的、常见的物品让幼儿在日常使用和玩耍中就自然接触，比如中国人最广泛使用的用来吃饭的筷子，就是中国人典型的食具。但除了筷子以外，教师很少有意识地提供其他的内容，哪怕是传统的七巧板玩具都很难在幼儿园里看见,其实主要源于教师自己也不知道七巧板的奥秘,以及它能为幼儿带来怎样的乐趣和发展上的帮助。二是在大多数教师的认知中,中华传统文化的技艺是一些流传下来既定的、有一定规范和标准的东西,幼儿年龄太小,不理解也达不到活动要求,所以只是表面化地"让幼儿感知",让过程流于形式,甚至像布置班级环境这样的幼儿可以参与的活动机会也被教师剥夺了,例如制作与节日相关的装饰品并布置活动空间。其实,与传统技艺的掌握和表现结果相比,教师们要选择让幼儿真正参与,允许幼儿近距离,甚至亲身使用材料,作出自己的探索,并且接受幼儿的感受和想法,引导和激发他们对传统文化的好奇和形成自己的不完整(而逐步走向完整)的理解。

只要教师"允许"幼儿拥有亲自实践的机会,教师就会发现,对于传统文化,幼儿也是有发言权的,而且他们通过活动实践得来的心得和思考不比成人传授的少,并且可以帮助他们理解得更深。幼儿对如何创造性地使用这些技艺去表达自己的想法和情感,有着比教师还要自如的掌握,例如,幼儿在水墨画的房屋上画红色的窗户,说"里面在发生喜庆的事情"。

让幼儿有机会参与真正的与传统文化相关的活动,例如和成人一起观看社区戏曲演出,欣赏正式的民乐演出,真正地和爷爷奶奶一起做年糕、包粽子……教师不要视这些活动为成人的活动,将幼儿阻隔在外,或者认为他们只需要享受这些成果而已,其实,"亲自做、一起做"的过程更是我们的课程要给予幼儿亲近传统的真实机会,让幼儿从小就自然获得文化滋养并形成对文化的归属感。

和动植物交朋友

几乎每一个幼儿园和班级里,都有自然角、种植角或者园地,缺乏条件的班级可能就在窗台或者阳台上放几个花盆,种着几棵幼儿熟悉的植物;条件充裕的幼儿园,甚至有自己的一大片地,不仅种着各类常见蔬菜,可能还养着一些动物。幼儿园为什么要做这些事？几乎每一位幼儿园教师都能意识到这是让幼儿亲近自然的机会，但经常出现的情况，是幼儿与这些动物、植物并没有多少的关系，幼儿偶然会感兴趣，但并不真正关心它们的存在。比如我们经常看见幼儿家长应教师的要求带来的若干盆鲜花和绿植，也经常听见幼儿说"乌龟是（保育员）阿姨养的"。

幼儿园课程的目的，肯定不是想把幼儿培养成拥有相关专业知识的人，种植、喂养、照料这些动物、植物，观察它们的变化，其实是给予幼儿了解生命的机会，建立与周围除人之外的生物之间关系的机会。只有通过真实的喂养和照料过程，幼儿才能不仅体会到自己关切动植物的付出是有意义的，而且能与之建立更深厚的情感连接。真正参与这个过程的幼儿，会与这些动植物有真切的情感联系，关心它们的冷暖饱饿，还会因为对它们好奇而主动深入学习一些相关的知识，他们出于兴趣主动吸收到的内容往往令教师和其他幼儿吃惊。如果在班级或幼儿园创设这样的区域，那么教师就必须思考，为什么我们的课程中需要这些，幼儿用怎样的方式和这些动植物互动？从中可能收获些什么？

当作为课程领导者的教师思考了这些问题，那么很多时候就不会再纠结以下问题了：自然角提供些什么内容（养金鱼还是乌龟？幼儿捡来的树叶和石头哪个更合适？）给幼儿比较好呢？需要定期更换吗？幼儿带来的动物、植物因为幼儿不懂它们的习性而快要死去了，该怎么办？幼儿对自然角、种植园的活动不感兴趣，可以不参加吗？当班级的自然角成为幼儿亲近自然、关爱生命、好奇探究的地方，教师的课程视野也可以更加开阔。幼儿园的花草树木，一年四季，是不是也可以成为这样的资源呢？我们如何引导幼儿和它们真实互动？"花儿好看我可以摘吗？""我们要运动可是小草要生长，怎么办？""小鸟要关在笼子里养吗？""小虫也有生命，可以给鱼吃吗？"，甚至"我（教师）不太懂植物的知识，怎么指导幼儿？"等问题，也都可以在这样的背景下和幼儿展开讨论，这些动物、植物存在于幼儿园课程中的价值就体现得更加完整了。

经历完整而非片断的探究过程

幼儿园教师越来越重视提供给幼儿丰富的活动经历,幼儿园的教育活动层出不穷。在幼儿自主探索的活动中,教师对他们探索的内容、时间、方式给予了更多的选择、允许和支持。这和我们对幼儿学习特点的把握、尊重直接相关,设法满足幼儿的探索愿望和探究行为的教师越来越多,这是一个正确的方向。但我想通过对比来说明一些更深入和具体的东西,就是在课程实施中,教师要允许和支持幼儿经历完整而非片段的探索过程,这其实打破了教师内心设定的"通过幼儿亲身探索,来获得我们想要给他们的东西"的原有界定。

以前,我们强调幼儿要有动手动脑去实际操作的机会,强调幼儿手中要有材料,理解教师设定的操作方法,并被期待获得一个教师已经想好的结果,或几种结果,例如开展一些内容和要求比较明确的科学小实验,或者数学操作活动,发现某些操作会得到一些结论。但是,在尊重和相信幼儿的主动学习的倡导下,教师更需要放开自己(也为幼儿)设定好的那些框框,转而允许和支持幼儿为自己的探索设定目的、过程及节奏变化,发现自己预想的成果,或者不在自己想象中的发现,从而学习到更丰富的东西。而要让幼儿进行有意义的探索,就必须让幼儿经历完整的探究过程:从问题的发现、产生好奇,到开始自己的设想、寻找自己认为合适的材料,再到独自或和他人一起去尝试并不断调整,并从中学习到自己认为有意义的内容。

比如,有的教师因为幼儿对油菜花的好奇,鼓励幼儿种植了油菜花种子,幼儿在种植的过程中发现了油菜结籽,但无法想象菜籽油是如何榨出来的,老师就找来小型榨油机,满足幼儿了解榨油过程的愿望,幼儿被榨出油的成功感激励着,并实现了把持续辛勤劳动获得的菜油分享给自己想感谢的人的愿望。这个过程中幼儿不仅仅获得了对油菜籽成长变成菜籽油过程的理解,更重要的是幼儿经历的整个过程都在对幼儿产生意义。幼儿没有被要求脱离某个情境去完成某种"操作",例如,播种了菜籽就没有了照料,忽然被要求参与收割环节,晒菜籽乃至榨油的过程也会被省略。这样的做法,幼儿拥有的探索过程是片段的,比如,问题是教师提出的,或者教师认为可以用其他方式代替(比如看视频了解用油菜籽榨油),那么后面几乎就不可能发生幼儿亲身参与、亲眼观察的事情了。

让幼儿对自己的问题始终抱有意义感,愿意通过自己的行动去探究的活动,是激发幼儿主动学习的好活动。我们经常可以看见幼儿在游戏活动中有这样的状态。为了培养幼儿的主动性,在解决问题中找到自我价值感,教师可以以班级里任何幼儿感兴趣的话题和内容,激发幼儿的全程设计和参与,并收获丰富的新认识。这是作为课程领导者的教师在课程实施中需要去把握的,因为它和我们想要"培养主动学习和发展的儿童"这一目标有直接关联,这是一种主动的课程选择。

Q & A 来自教师的问题

Q1:在班级里总安排不出让幼儿安静阅读的时间,怎么办?

答:结合幼儿园教师日常的工作状态来看,幼儿的阅读主要有以下两种表现:一是教师对幼儿的阅读还没有深入的理解和认识,把幼儿阅读简单地理解为安排幼儿上一些"阅读课",在教师的主导下讲述故事内容和情节,学会一些阅读的基本方法;或者带幼儿到专门的阅览室,让幼儿想读什么就读什么。这是两种基本的允许幼儿阅读的场合。二是虽然班级里也安排有阅读角,提供一些图书给幼儿,允许和支持幼儿在自由时间自选图书阅读,但几乎没有幼儿会去安静阅读,在作息安排和内容选择上也无法保证。

这些都是教师面临的困境,一方面把幼儿的阅读"界定"为集体的"阅读课"

和"图书室里或班级阅读角的自选阅读",而忽视了阅读作为一种人一生学习和生活的方式的培养,要体现在养育幼儿的一日生活中;二是对幼儿的阅读还不够重视,并没有真正想要引导每一个幼儿都养成阅读的习惯,甚至享受阅读的乐趣。幼儿园课程是需要通过提供适宜的早期阅读为幼儿进行阅读准备和书写准备的,当然,帮助幼儿养成爱阅读、会阅读的习惯更是幼儿未来学习不可缺少的。如果我们真心希望培养这样的幼儿,就必须在课程实践中作出选择和改变,比如,提供给幼儿更确定的时间,陪伴幼儿慢慢发现阅读的乐趣、喜欢自己读懂不同书本和内容带来的成就感,作为读者拥有自己的理解并分享我们的认识和想法。这些需要教师有意识的陪伴和潜移默化的影响。例如每天都安排一段时间为幼儿读他们喜欢的图书,饶有兴趣地观察和倾听幼儿读书的感受……只要自己喜欢并重视阅读,一定会找到合适的方式来让阅读在班级里发生。

Q2: 和幼儿共同创造有艺术气息的生活,教师可以怎么做?

答:幼儿园的艺术教育绝不仅仅是为幼儿安排音乐、舞蹈律动、画画、手工等教学,要落实艺术教育使幼儿学会"感受与欣赏,表现与创造"的目标,必须在课程实践上有理解和尝试。所有的活动,都要服务于幼儿是艺术教育的主体的价值,艺术为了生活,艺术源于生活,让幼儿过有艺术气息的一日生活,在富有艺术养料的环境空间和活动之中享受艺术带来的滋养。

除了组织安排幼儿喜欢的各类艺术的专门活动,完全可以探索一种让教师和幼儿共同的一日生活艺术起来的路径,主要是让幼儿参与更多的艺术创造活动,例如,幼儿充分参与班级里环境的装饰,用自己的审美、艺术表现水平来参与贡献力量,并从中获得成就感和艺术审美的锻炼。也完全可以用幼儿的艺术作品来装点他们自己的空间和物品,引导他们发现自己可以创造多样的美,当然,更可以带领幼儿去参观艺术场馆,观看演出等,这样不仅丰富幼儿的一日生活,参与社会实践,而且也扩展了幼儿(包括教师)的艺术视野,邀请专业艺术团体或人员为幼儿表演,和他们互动,这些都可以作为开展艺术教育的适宜的方法。不要让幼儿园的一日作息,以及对艺术教育不完善的理解来困住自己和幼儿。

Q3:我自己没有什么关于植物和动物的知识技能储备,怎么才能指导幼儿和它们交朋友呢?

答:幼儿园教师和中小学教师不同,的确需要把自己朝着"全科教师"的方向去培养。如果教师意识到自己无法和幼儿交流关于动植物的话题,幼儿从教师那里自然地获得动植物知识的机会就少了。所以,教师的确需要有意识地去积累一些常见动植物的知识。目前市面上有很多关于常见动植物的书籍,网络上的信息也不少,只要稍微查询,就能找到相关的信息。这不仅是为幼儿的学习储备经验,教师自己也可以和幼儿一起享受这份不断扩展新知的乐趣,幼儿也会因为你的加入对学习倍感兴趣。不妨从幼儿身边、班级、幼儿园中的动植物开始,很多幼儿园里都有适合幼儿观察的动植物对象,一年四季成长变化也很明显。

然后,把你学到的和幼儿去交流分享。幼儿不会笑话教师,而只会学到教师对周围事物的好奇好问、好探究、对动植物的关爱和呵护,以及我们共同应该有的对和动植物建立怎样的关系的理解。所以,抛弃没有关于动植物的知识就没有办法指引幼儿的认知,让我们像孩子一样去学习和生活,这就是一日生活皆课程的价值吧。

第四章

让家长**信服**教师的专业

理解家长和自己

家园共育是在说什么

谈孩子的发展永远是最有效的

欢迎和吸引家长为课程做贡献

幼儿园是个很特别的教育机构,可以说它是大多数幼儿离开家庭走向社会的第一步,我国幼儿的入园年龄通常是三周岁,他们尚不能脱离家庭,独立、自然地走进幼儿园展开集体的生活,虽然进入幼儿园了,但仍然不能脱离家庭的关爱,甚至还需要幼儿园"拉一把"、家庭"推一推"才能勉强地跨进幼儿园的班级。同时,幼儿的家庭在幼儿开始脱离家庭的完全照护之时,也有非常多的不确定感。一方面,家长担心幼儿在幼儿园是否能得到家庭般的、足够的关爱和照料,因为家长感觉幼儿在家庭的羽翼下的一切都是熟悉的,被无微不至照料和关爱的;另一方面,家长,尤其是亲自带养幼儿的家长对与幼儿分离的不舍。虽然幼儿刚踏入幼儿园阶段,对幼儿、对家长、对教师的挑战都是巨大的,但这个艰难时刻总会过去,很少发育正常的幼儿到了入园年龄仍然留在家庭里,他们会很快适应幼儿园的学习和生活。

但是解决了入园期的挑战,仅仅是教师与幼儿家庭互动的开始。幼儿在园的几年中,教师必须在面对幼儿的同时,面对幼儿各自的家庭,这些家庭的背景和需求是不同的,当然,更直接的是,教师要面对一个个来自不同家庭中不同角色的家长,例如父母和祖父母。幼儿园教师不仅和幼儿互动的方式很特别——要整日陪伴幼儿并且全方位关照幼儿的成长,而且和家长互动的方式在密度、频率上也远远高于其他学段的教师和家长的互动,内容上也更多关注幼儿的身体健康和情绪健康等,所以幼儿园教师面对的挑战是巨大且长久的。

但幼儿园教师绝不会希望自己在家长眼中等同于带孩子的"保姆",而是希望和家长建立平等的沟通关系,因为我们是接受过专业学习和训练的教师,会用自己的专业知识和技能看懂和支持幼儿的发展。我们怎样才能使幼儿家长对我们拥有专业性的认可，产生一种真正的对专业人员的信任和信服？这也是很多幼儿园教师感到困惑之处。

我们都知道家园共育是我们追求的理想状态，幼儿园和家庭有共同培育幼儿的目标，形成合力，协同育儿，但是我们如何做才能让家长认同幼儿园的课程对幼儿发展的价值，从心底里支持幼儿园开展符合幼儿特点的教育？面对来自家长的在育儿中的困惑和难点，我们怎样做，才能切实帮到幼儿家庭，让幼儿顺利发展的同时，体现我们对家庭教育指导的专业性和效能？我们在课程实践中，究竟如何做才能有效协同来自幼儿家庭的力量，实现"家园共育"？

接下来的一部分，我们将来聊一聊与此相关的话题。我们平时更多是在关注和考虑教师应该如何做，其实更重要的反而是先去想明白一些问题，找到自己和家长所处的不同位置和我们各自的角色应该承担的职责，才能更好地为幼儿发展提供良好的环境和支持。

理解家长和自己

幼儿园里最重要的人是幼儿,最重要的事是幼儿的健康成长,幼儿是教师保教工作的重心,是幼儿园课程的起点和归宿。但每一个班级里的每个幼儿并不是孤立存在的,幼儿来自他们各自的家庭。幼儿园教师的工作,同时也是为家庭养育幼儿提供专业支持和帮助。

教师在开展课程实践的时候,大多数时候是有意无意地忽略了"虽然幼儿是国家的未来,但幼儿原本更来自和属于他们各自的家庭"。我们常常会因为过于关注要将幼儿培养成怎样的人,而忽视他们来自哪里,是在怎样的环境中被养育的。家庭,自幼儿出生起,无疑是对幼儿的前期发展产生决定性影响的环境。

家庭是社会的细胞。社会发展的方方面面可能通过家庭成员在生活中的自然互动而影响家庭。一定社会发展阶段或时期的家庭具有共性特点,但更有家庭之间的明显差异。同时,即便生活在一起的家庭成员,由于个性和性格,以及他们自身的成长经历、社会经历的不同,对幼儿的看法、幼儿教育的观点和行为都会表现出差异,和幼儿互动的方式也各有不同。所以,家庭本身就是幼儿生长的最初的复杂环境,幼儿是带着家庭的影响、不同家庭成员的期待和教育观念走进幼儿园的,绝对不是"一张白纸"。所以当教师面对幼儿,绝对不是单纯地面对幼儿,而是同时在面对幼儿的家庭带给幼儿的影响。如果教师意识不到这一点,就忽视了最容易对自己的课程实践产生影响的力量。我们可以先尝试去理解幼儿的家长和家庭,从而作出教师的角色选择和行动判断。

家长可能并没有准备好

我们通常认为家长已经成为父母，应该拥有成熟的个性、行为表现，具备基本的幼儿养育的常识。但这只是一种可爱的错觉。虽然大部分家长天然就爱护自己的孩子，但不得不指出的是，很多家长只是因为拥有了孩子而成为父母，他们并不一定是足够成熟的幼儿养育者，缺乏相关的基础知识，有一些甚至对养育幼儿漫不经心，不打算承担多少责任。他们在平日和幼儿相处的过程中，除了保障幼儿安全和温饱，似乎并不在意其他。

虽然随着社会的发展，科学育儿知识越来越普及，家长们也有了更多渠道获取相关的资料，但总体说来，称职的父母是在和幼儿充满关爱的互动和自我反思中成长的，而不是"照书养"训练出来的。可惜的是，这样的父母并没有我们想象的多，很多家长是在还没有准备好的时候就成了父母。当然，这并不是说他们一定不会是称职的父母，但这的确给教师的工作带来了挑战。同时，当孩子们到了可以进入幼儿园的年龄，家长除了把孩子送进心仪的幼儿园，也自然拥有了一些对幼儿园教育、对幼儿园课程的猜想和期望。但这些也是比较表面的印象和感觉。

幼儿园教师必须面对来自幼儿以及他们的家庭的挑战，例如，设法引导没有幼儿成长专业知识的家长去理解幼儿的发展特点和过程，和他们探讨怎样的养育方式是适合这个年龄段幼儿的，怎样面对孩子发展过程带来的压力和挑战等。而这些显然对教师的专业性要求很高。

家庭结构和家长成长背景发挥重要影响

幼儿来自的家庭，可能所处的社会经济地位不同，有时候甚至差异巨大。

不同家庭的生活态度、育儿观念等天然存在不同。但教师常常忽略这些差异，从而采用同样的方法和策略却没有收到好的成效。虽然对幼儿应该"一视同仁""公平对待"，但这和理解、尊重幼儿家庭的差异不是一回事。前者是要接受客观的现实，而后者说的是教师秉持为了每一个幼儿的发展，为幼儿寻求各自适宜的支持方式。

对于教育者来说，了解幼儿的家庭背景和家庭结构，以及与之相关的幼儿的成长经历非常重要。甚至，不仅是对作为自己班级的教育对象的幼儿，乃至对幼儿的父母或者祖辈等直接带养人的成长经历，可能都需要有一定的了解。当然，教师不是要去"窥探"幼儿家庭的隐私，但了解一些与幼儿的教育支持相关的信息却是必要的。幼儿在家庭中所处的地位、日常和家庭成员互动的方式，应该得到教师的重视。

了解这些，一是有助于教师理解幼儿出现的行为表现，帮助教师形成合理的分析，比如以祖辈家长带养为主的幼儿普遍被认为是"被娇惯、包办代替"的，但很有可能这并不是真的。二是有助于教师在理解家长的背景之下去开展家庭教育指导，避免用简单化的方法开展缺乏实效的工作。例如，当教师知道幼儿来自单亲妈妈家庭，教师就会主动尝试寻求更易于与单亲母亲交流的方式。

我们所做的没有成为家长需要的

幼儿园教师的课程实践离不开各种各样的"家长工作"，教师面对家长的机会很多，包括日常和家长关于幼儿发展表现的沟通、举行家长会、开展专题的家长指导或培训活动、制作家园联系栏或网页、在APP上发布与幼儿表现和课程等相关的信息、邀请和安排家长合作开展幼儿园课程与活动，等等，但是常常感到家长不太理解自己为什么这样做。很多时候，是教师按照幼儿园的要求去做关于家长的一系列工作，甚至还作为教师的一项重要工作加以考核。但我们也发现,即便是幼儿园认为非常有价值的活动与安排,尽管教师们花了很大精力去开展各种面向家长的工作,家长有时候并"不领情",时不时有推脱、请假的情况。而从家长那里获得的关于幼儿园家庭教育指导的评价信息来看,幼儿家长对于幼儿园提供的指导也很难说非常满意。为什么家园双方似乎都在"打起精神"来相互"应付"? 也许家园沟通的目的,以及家园对彼此的期望有错位。常常是这样:幼儿园想让家长去理解的,并不是家长想要的;而家长想问幼儿园的,幼儿园总是觉得满足不了或者不值得考虑。

从幼儿园的角度看,值得反思的一个重要方面,是如何让幼儿园教师"专业"的做法,能够真正让家长信服,对幼儿园课程实施的成效、对幼儿的发展有切身的感受。幼儿园是家园共育的发起方,但仅靠幼儿园一方的努力是无法达成家园共育的实效的,相反,它的实效是要从家长这一方来考察的。所以,如果教师要提升家园共育的课程实践的成效,让幼儿园课程得到家长认可,就必须要认清"我们做的事是谁的需要?",主动站在家长的视角来尝试改变,而不要只顾埋头向家长单向灌输"我们认为重要的"。

成为家长可及的人

家园共育有赖于在幼儿园和幼儿家庭之间建立顺利的沟通渠道。通常来说,幼儿家长出于对幼儿在园情况的关心,总是希望幼儿园建立顺畅、友好的信息交流方式。从幼儿园教师的角度看,也有不断向幼儿家庭宣传幼儿园的课程理念、正确的育儿方法以及班级里幼儿的发展情况的需求。但如何在幼儿园教师的专业工作中嵌入合理、适宜的家园互动,也是需要设计的。互动目的是让家长感觉到"教师是可及的",是他们育儿的专业后盾。但要注意的是,教师并不是无时无刻、无所不包地回应幼儿家长的要求,而是主动设定专业工作者的家园沟通方式。

教师不能满足于完成幼儿园设定的家园沟通的具体任务,而要着眼于幼儿的发展,为家长提供持续、专业的教育指导服务,尝试建立符合自己工作特点和满足家长沟通需要的通畅渠道。比如,班级教师需要设计:在日常工作中有什么专门和随机的机会和家长沟通?用怎样的方式最有效率?如何做才能保证教师和家长对话的平等地位?用怎样的方法才能保证每一个家庭都得到公平的机会和教师沟通?并且要在真正做的过程中,反思这样有意识的设计是否达成期望的成效,即围绕推动幼儿的发展,满足家长的需要,彰显幼儿园教师的专业性。

理解家长的需求和化解抱怨

可以这样说,无论幼儿园如何努力创造家园互动、平等的沟通渠道,也不可能做到让家长没有怨言。出于多种原因,幼儿园经常会接收到来自幼儿家长的抱怨、批评,甚至更严重的情况。但要认识到的是,矛盾和冲突是关系中可能产生的情况,是最自然的常态。也正因如此,加强家园互动,通过有效的家园沟通达成共识、追求家园共育,才显得更为必要。

幼儿家庭和幼儿园(教师)之间出现的相互不理解、不认可、不协同,主要是由在对待幼儿的态度和方式上可能存在的差异引起的,因此,从幼儿发展的角度出发看待和处理问题,化解来自幼儿家长的不理解和抱怨,是最能够解决矛盾的。在日常的课程实践中,教师们也许会有这样的经历,家长因为"感受到"自己的孩子没有获得均等的活动机会(或教师的关注)或照料不周而对教师有意见,或者认为幼儿园、班级要求家长参加某项课程或活动的安排不尽合理等而投诉。从幼儿园、教师的视角看,可能事情并不是家长所体会的那样。

值得我们思考的是,来自家长的那些不解和抱怨究竟反映了家长对幼儿园课程实施的哪些诉求。例如,期望教师给自己的孩子平等的关注和爱(甚至是偏爱),希望在幼儿园的课程实施中,家庭参与方式有更合理的设计,能够帮助他们更清晰为什么要这样做(例如幼儿带材料到幼儿园参加活动,或者陪伴幼儿展开亲子活动)。这些恰恰是教师反思自身课程实践细节,以及梳理自己对课程的理解的机会。当教师主动站在"是否切实有利于幼儿发展"的角度来客观对待的时候,可能就能找到和家长正常沟通的钥匙。主动正面解读家长的不解和抱怨,有助于理性、积极的家园新关系的建立。也只有从家长的不解和抱怨中"听懂"了他们的需求,才能更好地用教师的专业开展积极的引导。

Q & A 来自教师的问题

Q1:怎样做调查问卷、家访等,才能帮助我们了解必要的来自幼儿家庭的信息?

答:为了增进对幼儿成长环境和经历的了解,幼儿园或者班级教师经常会使用调查问卷、家访等方式向家庭收集信息,尤其是在幼儿刚入园或者开始新阶段尝试的时候。这显然是有必要的做法。但我们也经常发现,家访和调查问卷往往是作为教师的一项工作去完成,开展的过程和收集来的信息,并没有在后续为幼儿制订发展计划、开始日常的课程和活动设计提供多大的价值。其实,这种家园双方付出而不产生效益的"浪费"是完全可以减少甚至杜绝的。

作为课程领导者的教师,首要任务是了解班级幼儿发展的普遍情况和个体特殊需要,所以从家庭获取信息是很重要的一环。围绕了解幼儿的发展过程和背景的需要,有目的地设计问卷、展开家访,才能收集到有价值的信息。我们并非要求幼儿家长提供过于详细的家庭信息,而是要尽量掌握对幼儿的成长过程和健康发展有直接影响的信息,除了通常我们注意的那些,尤其要增加下列容易被忽视的内容,例如幼儿的主要带养人以及他们对培养幼儿的认知和习惯,幼儿家庭成员的构成以及他们与幼儿互动的模式。其实,这些信息不是靠调查问卷就能完全了解的,有时候需要寻找机会去观察,例如家访的时候有意识地观察幼儿的居住条件(整洁还是杂乱?有属于幼儿自己的空间吗?等等)和家庭生活方式(饮食、起居习惯、家庭成员及关系等)。当然,更完整的信息需要教师与幼儿家庭建立长期联系,在不断的互动中得到补充和具体化。家庭是幼儿发展的最重要场所,所以,作为有幼儿发展意识的、想要在课程中为幼儿提供有针对性的照料和支持的教师,重视了解幼儿的家庭对幼儿的支持状况,怎么都不为过。

Q2:和家长沟通有什么窍门吗?

答:和幼儿家长打过交道的教师,一定都有自己与家长沟通的感受和体验。有的教师和家长的沟通非常顺畅、愉悦,家长也很喜欢与他们交流,而有的教师似乎就不那么受家长青睐,家长往往只是出于礼貌和教师简单地打招呼。这当然跟教师、家长的个性特征有关,但是,我们常常忽视的是那些在建立顺畅沟通的关系中更为关键的东西,比如,幼儿的家长(无论父辈和祖辈)其实是一种角色,是他们在家庭发展的特定阶段的角色。

家长首先是因为孩子才成为家长,并和教师建立联系的,所以孩子是教师和家长建立联系的天然纽带,和他们沟通关于他们孩子的话题自然更容易。其次是孩子的家长其实也有不同发展阶段的特点,就像幼儿的发展一样,家长也是发展到一定阶段的人,他们具有一些普遍的心理和行为特征。例如,有研究表明,家庭生命周期有六个阶段和七个重要事件。其中第三个阶段是家庭的完成阶段,也就是有一个或者多个儿童的家庭阶段,孩子年龄小,是新婚家庭形成后面临的一个变化,养育难题使大多数家庭处于育儿焦虑状态中,家庭成员的角色、时间、空间、沟通方式都发生了巨大变化。教师可以学习一些关于家庭、家长的成长和变化的知识,让自己更加理解家长的处境以及应对压力的方法,这样会更有利于理解家长并更为合理地回应他们在育儿上的需求。

Q3：怎样在满足家长的要求和保持教师自己的边界感之间保持平衡？

答：这的确也是困扰部分教师的问题。作为教师，当然期望幼儿家长相信自己的能力和专业水平，对自己的工作满意，但有的教师却经常感到在应付来自家长的各种各样的要求，例如，想要每天看到自己的孩子在幼儿园的照片，想要知道幼儿在园活动的过程和后续的安排，每天都和教师花很多时间来谈论自己家的孩子，也有要求为幼儿安排"好"的座位或床位等。这些要求，多多少少和教师的课程实施过程有关，是对教师工作的一种介入。

虽然教师要回应家长的要求，但主动维护自己作为课程实践主体的专业选择，是更好的回应方式。比如家长要求每天都要看见自己家孩子的照片，一方面可能说明他们对幼儿在园的活动和发展情况并不了解，一方面可能说明他们认为自己或孩子没有被教师在课程实施中给予足够的关注。究其原因，恐怕也与教师日常每天拍摄和上传幼儿照片的行为有关系，教师这一行为诱发了家长的这种不正常的"攀比"。如果教师将上传照片的行动，转变为结合照片解读幼儿发展的情况和特点，就可以帮助家长关注幼儿的发展，而不是哪一些孩子更被教师喜欢。当然，如果教师利用照片向家长解读幼儿发展时能列举不同的幼儿，能发现不同幼儿各自的特点和成长，那就更好了。

同时，在分辨家长的要求背后的需求和审视自己行为的同时，也要保护自己的边界，例如只以教师的身份和家长讨论幼儿的发展和建议，和家长约定适合谈论的时间和方式，这样建立约定的方式能帮助教师和家长对交谈心中有数，作出主动安排和准备，也更有助于在家长心中树立专业幼儿教育者的形象。

家园共育是在说什么

幼儿是柔嫩又发展迅速的个体,他们成长的两片重要场域就是自己的家庭和幼儿园。幼儿的成长需要和谐、平稳、一致的养育环境,就像一棵植物,如果总在不同环境和土壤中来回切换,几乎立刻就会失去该有的生命活力。幼儿的柔嫩使他们不能脱离家庭的支持而存在和成长。教师要意识到必须要接纳幼儿原有的成长环境,并根据情况持续施以影响,以让幼儿能适应"家庭+幼儿园"的成长模式,这是幼儿自然发展和主动适应的一方面。另一方面,要考虑如何使家庭和幼儿园双方让幼儿体验和感受到一致、和谐的教育理念,不一致的教育会相互抵消甚至产生冲突,减弱教育效果,甚至成为幼儿发展的阻碍。

幼儿园教师对"家园共育"耳熟能详,好像从道理上完全理解并接受,并且认为这就是教师平时就一直在做的事,会在谈及任何与家长展开的工作时把它作为一个套用的高频词语。但是,我们是否想过,"家园共育"究竟是在说什么?为什么幼儿园教育要提"家园共育"?家园共育究竟是"共育什么"?以及"如何共育"?我们认为,"家园共育"实际上既是我们对幼儿园教育期望的一种理想状态,又是我们实践幼儿园课程的方式,当然也是幼儿园教师开展面向家长的工作的内容。

家园共育可以用这样的状态来描述:这是一项需要幼儿园和家庭双方共同完成的事,即确立共同的目标(也就是幼儿的发展目标),并就如何才能实现这些目标的方法达成共识,双方各自承担自己的内容和分工,共同检视这个过程的成效和价值。家庭和幼儿园如果选择共同培育幼儿，那么首先就要确认想把幼儿培养成怎样的人，以及家庭和幼儿园在这个过程中要如何做好自己的分内工作，同时注意与对方的协同，以确保我们培养幼儿的方向正确且富有成效。

这里面最关键的是，教师和家长要对"希望幼儿获得怎样的发展"这个共育目标达成共识。幼儿园教师是专业工作者，所以很容易认定幼儿园的培养目标是正确的、毋庸置疑的，因而会自然而然地认为家长也应该认同，无须多说。同时，也不排除有的教师还缺乏向家长清晰表述和解释幼儿园培养目标的能力，更没有意识到有必要这样做，只是忙于安排各种需要家长去做的事，所以家长很多时候在不理解活动目标的情况下参与幼儿园的活动就会比较被动。这两种情况其实都是表面的理解，不能产生切实的共育行动。只有当幼儿园的培养目标也被家长认定是对自己孩子的成长有意义的时候，这个共识才算初步达成。

如果将家园共育这个"理想"的教育状态具体化，幼儿园教师可以利用实施课程的机会，在下面四个方面做出主动的尝试。

和家长讨论幼儿发展目标和原则

和家长讨论幼儿发展目标和原则，这个话题看起来似乎很严肃、宏大，但其实教师完全可以有自己的方式，最好的方式就是把这些目标、原则分散在日常的沟通过程中。比如在举行新生和班级开学家长会时，园长和教师一定会向家长宣传幼儿园的办园目标、幼儿的培养目标，但是这些话要让家长听懂，必须要结合对幼儿发展的描述，甚至要举出幼儿在不同活动中的具体例子来进行解说。

例如，当教师向家长宣传要培养"亲近自然"的幼儿时，除了要告诉他们"亲近自然"对幼儿的当下和未来有什么价值，最好再让家长观看一些幼儿在园内的课程实施中亲近自然的视频或照片,给予更具体的解说。例如带着幼儿在树林里和草地上玩耍,伸展他们的身体、感受天气和动植物带给他们的独特艺术气息;启发和吸引幼儿主动观察和探究,展现他们的愉悦和自由。通过教师在日常课程实践中拍摄的图片、视频,家长看到或者能设想这种幼儿成长的美好画面时,他们能更深入地体会幼儿园为何期待家长也允许幼儿亲近自然,而不再作出把幼儿圈在"干净、有空调的、有电子玩具的室内"的选择,愿意选择放开幼儿去大自然里畅快玩耍,愿意和幼儿一起洗干净衣物和身体,等等。所以这些最好不只是在家长会上宣讲,更好的方法是随机结合幼儿的在园活动,在日常和家长的沟通中,一点点地渗透幼儿园的教育目标和课程实施的基本原则。

同时,教师也的确可以直接问一问幼儿家长期望幼儿成为怎样的人,甚至可以组织辨析讨论会。也许家长除了"快乐、健康"之外并不能明确地设想和回答这些问题,所以教师要会倾听家长主动的表述,尤其是在家长对教师表达对自己孩子的担忧和成长困惑的时候。例如,当家长说"这孩子就是太内向了",教师可能就会知道"内向"是家长不希望幼儿拥有的品质和表现。但这可能并不正确和客观。那么教师就可以追问:"为什么说孩子内向?你为什么认为内向给孩子的成长和发展带来了不好的影响?"同时结合对孩子的仔细观察,把教师对内向性格的正确理解向家长传递,让家长发现孩子可能并没有受到影响,反而从中受益。一边传递了正确的教育观念,一边说服家长正确接纳和理解幼儿的独特发展。

向家长介绍你如何与幼儿相处

幼儿园教师通常忙于组织、实施幼儿在园的各类活动,有时候为了完成幼儿园要求和建议的对家长的宣传工作,也会拍摄幼儿的活动图片或者视频并配上解说传递给家长。但哪怕是同样在做这样的事,教师如何做,也是可以有不同认识和具体方法选择的。不同的选择会产生不同的结果。

如果教师只是埋头忙于完成和幼儿的活动，忽视对家长关切问题的回应，部分家长一定会有意见，因为他们看不见幼儿在幼儿园经历了什么，接受着怎样的照料和教育。但是，如果教师为了完成任务而每日拍摄幼儿活动照片和视频发送给家长但不做解释，或者只做"真快乐、太开心啦"之类的解说，对家长也丝毫不构成积极的影响。

而具有课程领导力的教师，会结合幼儿园"宣传正确的育儿观念和方法"的要求，利用自己拍摄到的幼儿的活动图片或视频，主动向家长介绍孩子们正在做什么，他们的哪些动作和表情很关键，说明了孩子什么方面的发展，家长就会容易理解为什么教师要上传这些内容，不仅帮助家长加深了对幼儿发展表现的理解，也积极地宣传了幼儿园为幼儿的发展提供了怎样的条件和机会，显示了教师能够理解幼儿发展的专业性，以及教师在日常课程实施中对幼儿发展的高度关注的态度。这些都是家长期望看到的，他们会因为知道了这些，增加对教师、对幼儿园课程的认同感。

在共同目标下各自做适宜的事

在家园共育的语境下，人们对共育经常有一个误解，以为幼儿园和幼儿家长协同一致就意味着大家都要用同一种方式、方法，对幼儿统一要求，这样孩子们面对家园一致的目标和具体要求，就"无机可乘"了。有的教师认为，把自己感觉有效的做法教给家长，让家长照着做，这样就做到了家园一致，教育的成效就可以保证。的确，这在一些情况下是有效的，例如，在培养幼儿养成洗手习惯的过程中，如果幼儿家庭也按照教师的建议，要求幼儿做到"饭前便后要洗手，外出活动回家第一件事就是洗干净小手"，那么幼儿可以感受到教师和家长的统一要求和赞许的态度，并更可能在相似情境下去做到及时洗手。

但"共育"仅停留在这个层面是不够的,我们要看到的是,要求和引导幼儿在这些情境下去洗手是为了使"幼儿养成良好的清洁卫生习惯,形成初步的身体健康意识和行为"。可以说在这些场景之下,幼儿去洗手是这个培养目标的一种具体表现。幼儿园教师和家长其实肯定更赞同在这个高度上达成一致。所以,在幼儿园中要求幼儿清洁双手的场景,可能并不能完全涵盖幼儿在家庭生活和社会生活中需要清洁双手的情境,例如,幼儿帮助成人做家务、玩游戏、外出就餐或参加各种活动,只要自己感觉到需要,或者为了减少可能的致病因素污染双手,都可以作为家长和幼儿讨论和练习清洁双手的机会。甚至,在不方便用水情况下,随身携带洁手液、湿纸巾等,就是家长和幼儿共同实践"养成良好的清洁习惯"的机会。同样,对于"幼儿就餐习惯和礼仪""与人相处的方式"等良好行为习惯的培养,都需要教师和家长基于幼儿发展目标达成一致,而在具体做法上则要根据幼儿园、家庭、社会等不同的条件和情境,由不同的人来具体负责引导和教育。

分享并讨论幼儿的发展

幼儿园教师和家长沟通的内容包括但不局限于向家长宣传幼儿园的教育、发布幼儿活动信息,按照幼儿园要求向家长收集并统计信息,和家长沟通或交接当日幼儿的"服药"等需要关注的事项,组织和召开家长会,邀请家长参加幼儿园活动,等等。但如果只是忙于"应付"这样的事项,那么对于教师工作的专业性就是一种忽视。作为课程领导者的教师,面对家长时的工作重心显然是幼儿的发展。所以,在完成以上那些具体而琐碎的"工作"时,是否可以思考如何将这些工作与"幼儿的发展"关联,是否可以站在专业教育工作者的角度,主动去发现这些事情如何与自己为幼儿、为幼儿家庭提供专业的发展支持建立起联系。

主动和家长沟通，交换彼此在与幼儿相处、互动的过程中所观察到的与幼儿发展相关的信息，是值得幼儿园教师努力的方向。例如幼儿有哪些普通或者独特的表现，最近发生了什么明显的变化，有什么引起了自己的注意等。这和教师一般会做的"向家长报告幼儿表现不好"是完全不同的选择，后者通常只是教师在向幼儿家长"抱怨"自己对幼儿的无法理解和教导，这是教师不够专业的表现。与此相反，教师最好把自己和幼儿家长沟通幼儿的发展设定为一种必须定期去做的事，结合日常课程的运行和对幼儿的发展观察，提出值得和家长共同关心的问题，并积极倾听家长对幼儿表现的理解和分析，在相互深入沟通、分析幼儿表现及影响因素的基础上，达成对幼儿发展的理解，甚至共同制订更有针对性的幼儿的后续发展计划。这在很多幼儿园教师的工作中是比较容易被忽视的一种方式。

Q&A 来自教师的问题

Q1：在和家长讨论幼儿发展目标的时候，要听家长的意见吗？家长有自己的理解怎么办？

答：当幼儿园教师和幼儿家长讨论幼儿发展目标，自然要听家长的意见。虽然对话的过程主要是向家长宣传幼儿园（幼儿园也是按照国家的要求来培育幼儿的）在培育幼儿上的理念、目标以使得家长深入理解并积极认同，从而在教育观念和行动上和幼儿园保持一致，但千万不要认为，这就是一个教师单方面向家长去"灌输"的过程，而要真心实意地允许家长参与讨论，发表自己的理解和观点，从他们自然的表述中，尝试去理解家长对自己家孩子的发展期待，对幼儿园课程、实施的教育方式方法的期待。虽然有时候家长作为非专业人士，对幼儿的发展期待可能并不合理，比如要其孩子在班级里成为最"好"的孩子，但正因为拥有表达的空间，教师才获得了去理解和深入开展指导工作的机会，例如，和家长讨论"什么样的孩子是好孩子，我们如何建立对幼儿发展的合理期待"。

同时，随着家长受教育程度提高，很多家长对于"把自己的孩子培养成什么样的人"，是有比较明确的希望的，教师要认真倾听家长的话语中蕴含着的对幼儿发展的期望，例如，家长认为孩子"再合群一些就好了"，那么教师就可以理解为家长对于幼儿的社会交往意愿和水平有发展期待，选择向家长介绍自己观察到的幼儿"在班级里有三个好朋友，也会在游戏中、生活中自然回应同伴的请求"等情况，也可以尝试和家长确定在日常课程实施、家庭生活中可以怎样创造适宜的机会给幼儿。

Q2：对于教师向家长宣传幼儿园的课程理念、幼儿培养目标，有什么具体做法的建议？

答：对于教师来说，向家长宣传幼儿园的课程理念和幼儿培养目标，并不是要教师去面对家长"唱高调，讲道理"，而要结合自己的课程实践，让这个过程发生得自然而然。例如，有教师每天都在班级的家长群里写一段几百字的小短文，告诉家长们今天自己组织了什么活动，活动中孩子们的不同表现，他们的语言、作品，等等，从中可以看出孩子们对什么感兴趣，有什么探索行为，这体现了幼儿对这些方面怎样的理解、感受。有时候也配合自己拍摄的关键活动场景，向家长介绍一些相关的教育理念和做法，"孩子们讨论的过程，让每个孩子都表达了自己对公平的理解，可以看出每个孩子都是有自己的想法并愿意表达的，这段经历为他们将来参与班级里和自己相关的事情的讨论和决策，积累了一些感性经验"。这样自然、持续的信息输入，是家长非常愿意看到和接受的，不知不觉中，他们也学习了幼儿教育的具体方法。教师要打破完成"家教任务"的想法，转而主动利用日常交流的机会，主动向家长宣传教师是如何与幼儿相处的，以及这个过程如何带给幼儿有价值的教育，幼儿园的一日活动怎样为幼儿成长提供了适宜的条件，推动了幼儿的发展。

Q3：和家长沟通的过程很琐碎，怎么让自己的工作更有价值呢？

答：幼儿园教师和家长沟通的工作的确很琐碎，还需要注重细节、及时回应。细碎的工作牵扯了教师很多的精力和时间，还容易造成注意力的分散而难以找到聚焦点和价值感。但作为课程领导者的幼儿园教师，不会满足于就事论事去被动完成工作事项，他会主动把自己的课程实践的方方面面进行整合，即便是面向家长的工作，也会主动尝试将其与幼儿发展建立关联。他会主动与家长沟通，并把沟通聚焦于幼儿值得关注的行为、持续的表现、变化的过程，以及自己对幼儿的分析，从而引起家长对自己孩子发展的关注。例如协助家长完成幼儿服药的过程，他可能会这样做，按幼儿园要求记录幼儿服药内容和次数、用量，但更关注幼儿服药的原因、发生的频率、和其他幼儿情况的对比等方面，关心甚至发现幼儿身体欠佳的原因和过程，并和家长讨论医生的建议，或者针对性地提供给家长幼儿身体照料的指导建议，主动在班级的课程实施中考虑该幼儿参与活动的方式，作出适宜调整，甚至和家长共同协商制订有助于幼儿身体健康的计划。在这个过程中，教师不仅主动按照要求完成工作，而且将它整合到对幼儿的发展关注和课程实施中，显示了教师的专业性和教师工作的意义。

谈孩子的发展永远是最有效的

幼儿是家长和教师之间的最直接的纽带,幼儿的发展,通常是(也应该是)家长和幼儿园教师共同关心的内容,两者之间的沟通、交流等互动都是基于对幼儿发展的追求而建立起来的。只要幼儿园教师将幼儿的发展放在心里,在面向幼儿家长开展的若干活动中,就不会失去基本的方向和最重要的方法——用对幼儿发展的关切来贯穿和家长沟通的原因、过程和结果,而不过多地去强调"幼儿园想要家长如何做""家长应该这样做"。当家长提出对幼儿园课程和日常活动的建议和疑问的时候,如果我们可以站在"为了幼儿的发展"的角度,也许听见的来自家长的想法就没有那么尖锐了,而是将其理解成家长为幼儿园和班级的课程实践提供了更完整的信息以帮助教师改进。而且,即便教师面临来自家长的"不合理的要求"或"挑战"时,站在幼儿发展角度的专业回应,可以帮助双方建立共同对话的基础,往往让家长自动反思自己的言行,并选择站在有利于幼儿发展的那一边。例如幼儿家长请教师帮助幼儿穿鞋、穿衣,教师就可以直接请家长思考"是否需要用教师帮忙来取代幼儿自己练习并获得成功的机会",家长可能就会意识到这个要求的不妥,并主动和教师商量如何一步步帮助孩子借助教师的帮助而获得进步,从而提升幼儿对自己能力的自信。

向家长解析幼儿在活动中的发展

幼儿在园的一日生活，对班级教师来说再熟悉不过了，但是对家长来说，可能并不是非常了解。向家长介绍幼儿的在园活动，是教师通常开展面向家长活动的重要内容之一。但教师的分享如果仅仅是为了满足幼儿家长了解幼儿在园一日活动和表现情况的需求，一方面很多家长其实并不需要这样的"直播"，另一方面，也容易将教师自身置于一个"延伸摄像机"的位置，这显然和教师支持幼儿发展和指导家长育儿的定位还差得很远。

幼儿园教师都不希望被家长视为"保姆"，教师能否清晰地结合每一个幼儿的日常表现向家长解析孩子的发展，就是决定教师专业地位的重要一环。教师更应该做的，也是值得花大力气去做的，不是事无巨细地向家长展示、汇报幼儿一日活动中的各种活动，而是抓取幼儿的典型表现向家长解析孩子是怎样在幼儿园提供的各类活动中获得发展的，并且是活泼泼地发展着的。这时候，"出镜"的幼儿究竟是谁可能并不重要，重要的是家长借助这些具体幼儿的表现更具象地去理解幼儿发展的过程和关键，体会接受每一个幼儿都是不同的，愿意去欣赏孩子的努力和点滴进步，当然，也会对教师提供的丰富的活动中蕴含的发展机会佩服不已，同时还向教师学习了与幼儿互动的方法。

指导家长在家庭和社会生活中保留发展机会

教师结合幼儿在园的日常表现向家长解析幼儿的发展，和幼儿园课程的价值。教师在组织和开展亲子活动时，也完全可以发挥类似的作用，即帮助家长理解自己孩子的表现在说明什么，孩子具有怎样的能力，有什么愿望和需求，孩子的表现是想从家长那里获得怎样的支持，进而启发家长思考如何与自己的孩子展开适宜的互动,等等。

幼儿在家庭、社会中面对的情境和他们在幼儿园的生活是有区别的,比如幼儿面对的人际关系截然不同,在幼儿园里幼儿主要是和同伴、和教师互动,在家里是和不同的家庭成员互动。但教师可以做的,仍然是结合日常对幼儿发展情况的理解,帮助家长在日常的家庭生活和参与社会生活过程中理解幼儿的表现。

同时教师可以向家长讲解处在某个发展阶段的幼儿通常需要什么样的锻炼,引导家长在家庭生活中,在参与社会生活中,不在有意无意之间"包办代替"而剥夺了幼儿自我尝试的机会。例如,在家里也做到"幼儿会做、想做的事情,让幼儿自己做",让幼儿用自己的节奏和方式去做事。也减少一些类似"太冷了,宝贝不能穿裙子"的限制,允许幼儿尝试在体验中学习为自己的生活做选择,尊重幼儿的心理感受,让幼儿拥有更适宜、高质量的互动和陪伴。

利用亲子关系实现相互影响

幼儿园教师要有一个基本的认识,那就是除了教师自己,幼儿的其他重要他人,尤其是其直接带养者,对幼儿的影响力不可小觑。很多时候,幼儿其实是参考着他们对教师的态度来决定是否接受教师的指导和影响的。比如我们经常说到的"家园不一致会使教育成效打折甚至抵消",正所谓"来园五天抵不过在家两天"。例如教师通过很多活动指导幼儿要遵守交通规则,要做到"红灯时不穿马路",而家长却带领幼儿乱穿马路,甚至当幼儿提出"老师说了这样做不对"时家长不屑一顾,久而久之,幼儿会选择顺从家长,甚至在对这件事的对错上也表现得不在乎了。又如,幼儿的入园焦虑往往是因为家长在幼儿面前表现出对教师、幼儿园环境的不信任,虽然这些行为可能并不显眼,也许家长也不曾意识到,但幼儿正是受了家长无意识的暗示,才对接触的教师和新环境产生了不安。所以,做好入园的情绪疏导工作,不能只针对幼儿,而要同时加强对家长情绪和态度的关照。在幼儿快要从幼儿园进入小学学习的阶段,也是同样的道理,教师不仅要关注幼儿的身心的阶段性发展变化,更要有意识地了解幼儿家长的态度、行为方式等产生的变化,很多时候从家长角度入手缓解他们的焦虑情绪,让幼儿拥有更平稳、积极的情绪和情感,是开展幼儿顺利的入学准备的重要一环。教师们也经常发现,做好了对幼儿的理解和支持,通过幼儿的成长和变化影响家长,家长对幼儿园工作的理解和支持,也就不成为问题了。所以在日常的课程实践中,教师要学会充分利用亲子之间密切的相互关系,延伸和放大课程实施的成效。

成为家长育儿的靠谱信息站

幼儿园不仅会给予幼儿安全、健康、全面的生活照料,也会提供适宜的各类教育活动以满足孩子的各种发展需要,在家长眼里,幼儿园是专门照料、培养幼儿,确保其健康成长的教育机构,他们往往是经过精心比较、挑选才将幼儿送进这个幼儿园,这其实已经显示了他们对幼儿园的认可。

虽然教师通常是在幼儿园里面对幼儿开展教育工作,但是其影响却涉及全体幼儿以及他们的家庭,乃至全社会,幼儿园教师以自己的专业为社会作贡献。幼儿园教师的工作不是把幼儿圈在自己的班级里开展活动,而是要同时实现对社会价值的引导,在传递先进、正确的育儿价值观、科学理念和方法的选择,尊重幼儿的成长规律等方面发挥积极作用。

这并不意味着教师要花多少额外的时间去做专门的宣传,更恰当的方式是结合自己日常的课程实践,不断向家长、社区输出关于幼儿如何发展、幼儿时期什么更重要等价值选择等"靠谱的"的信息,尤其是在面对家长主动向教师提出关于幼儿培养的问题,或者征询教育建议时。当下社会对教育存在普遍性焦虑情况，教师要思考如何利用自己的实践参与社区的宣传，积极影响幼儿的家庭、身边的社区人群，让他们更有准备地主动抵制那些违反幼儿身心发展特点的想法和做法，主动而自然地坚守幼儿教育的正确价值观，保护和珍视幼儿的游戏权利和珍贵童年，让幼儿在有意义的生活中获得多样的锻炼机会，在手脑并用的活动中获得发展，这无疑是对社会观念的示范和积极引领。

Q & A 来自教师的问题

Q1：有家长认为幼儿动作慢、能力弱而向我寻求方法，作为教师我该怎么做？

答：家长并非幼儿教育的专业人员，所以首先要理解他们的疑惑和期望幼儿表现得更好的心情。但作为了解幼儿发展规律和特点的教师，关心家长的诉求时要对幼儿的发展有正确的理解，并借着家长求助的话题，与家长来具体探讨幼儿的发展。例如，当家长向教师展示幼儿在家里的画作并且表露出对幼儿绘画的技能和结果不太满意时，教师除了表达对幼儿在家自发绘画的兴趣和行为的欣赏，还可以结合幼儿所处发展阶段的构图、用色、笔触、画面的一般表现特点，告诉家长这是幼儿这个成长阶段普遍的特点，还可以通过询问家长幼儿作画的场景、动机和过程，来解析幼儿可能表现出的发展。例如，孩子画了去医院的场景，医生的白大褂口袋是透明的，里面放着一根在冒药水的针管，甚至各种物品的大小也和现实不符，教师就可以引导家长去理解幼儿的画面是为了表达他对医生要给他"突然打一针"的担忧，他们不懂"口袋不透明"的绘画技能，但表达的是他认为针管藏在医生口袋里的理解，幼儿还会用夸张的手法来放大他真正关心的事物。这样的对话无疑对缓解家长的焦虑是极有帮助的，也能提醒家长不再苛求幼儿的绘画技能，而要学会理解幼儿的绘画语言。抓住家长关心的具体话题去传递"对幼儿的合理期望"，引导家长放弃作为成人对于幼儿成长的误解和"不合理期待",学习欣赏幼儿的发展表现,值得幼儿园教师为之努力。

Q2:幼小衔接期家长减少孩子的玩耍时间并"布置作业"引起幼儿反感,幼儿园教师该如何引导?

答:家长出现这样的行为,其实反映的是两个方面的情况,一是家长误解了"幼小衔接"的内涵,把"减少玩耍、布置作业"简单化地视为衔接的手段,二是表现出了家长可能自己内心对幼儿即将入学有焦虑情绪,这种情绪通常是由于和别人家孩子"盲目攀比"而产生的,主要是因为对自己孩子的发展状况并不了解,也不知道如何有针对性地做准备,所以"盲从"他人。理解了家长在幼儿即将入学时期面临的环境和心理变化,教师可以借助与家长沟通幼儿的发展来做正确的引导。例如,一是向家长介绍幼儿日常具体的、正常的发展表现来说明不必过分担心。二是引导家长发现自己的"减少玩耍、增加作业"的做法不但没有激发幼儿对上小学的兴趣和愿望,反而起了反作用,使幼儿产生了抵触心理。家长的焦虑传递到幼儿身上,对幼儿后续学习不利。三是帮助家长认识"布置作业"的方式和难度,如果不能激发幼儿的主动参与和成就感,会损伤或打击幼儿学习的自信心,所以盲目的做法不可取。

Q3:发现幼儿祖辈喜欢"包办代替"影响幼儿的发展,作为教师该怎么办?

答:祖辈家长爱孙辈,关心和陪伴他们成长,这在中国是比较普遍的现象。与祖辈共居,甚至平时全由祖辈带养的家庭也不鲜见。这就导致了父母和祖辈因培养方式不同而产生冲突,一些幼儿因被过度照料而能力不足。作为课程领导者的教师,一定会直面这样的教育问题场景并思考如何发挥自己的作用,对家长产生积极影响,通过改变幼儿的成长环境来达成我们的培养目标。

他们通常会了解祖辈家长和幼儿互动的常态方式,例如可以通过来园离园、家访、聊天等方式了解祖辈究竟是"如何带孩子的",如果发现确实有经常性的"包办代替"的情况需要改进,也要选择先对祖辈家长表示理解和接受的方式来开展工作。最有效的就是和他们谈论幼儿的发展,比如在班级里穿衣、吃饭、探索等过程中的被动、相对缺少锻炼等情况,再和他们探讨平时遇到类似情况祖辈家长是怎么想的、怎么做的,例如他们会认为幼儿"不会、太慢、不喂就不吃"等,这当然包含了对幼儿成长和能力的不合理期待因素,但可能症结还在于老人通常都认为"这就是我应该做的,我在家里就是要负责照料好孩子",这本质上是老人对自身存在价值的确认,他们有强烈的"被需要"的需求。我们要向他们解释的是,幼儿需要在自我服务中获得发展和锻炼,祖辈家长的做法无意之间满足了自己的需要而剥夺了幼儿成长的机会,影响了幼儿做事的动力和学习锻炼的机会。当他们真正意识到这一点,可能就会努力控制自己代替幼儿做事的念头和行为。

另外要说明的一点是,幼儿园教师有时会对幼儿祖辈产生"刻板印象",即感觉他们都是喜欢代替幼儿做事、做决定的,遇到幼儿能力不足而分析原因时往往把"板子"打到祖辈家长身上。实际上这可能并不是真实情况,不能简单化地随意判断而忽略了对幼儿成长环境的具体分析。

欢迎和吸引家长为课程做贡献

幼儿园课程实施和中小学课程实施的差异很明显,其中一点就表现在幼儿家庭对幼儿园课程的广泛参与上。幼儿虽然进入幼儿园,但其生活和学习的方式仍然带有非常强烈的"家庭感",不仅活动时间涵盖了幼儿在园的全天,而且教师和幼儿的关系也具有家庭关系延伸的特点,教师倾向照料、关爱每一个幼儿。幼儿在园的生活、游戏、学习等方方面面,都在2—3位教师和保育员的职责范围以内。因此,为幼儿提供与创造更为接近家庭生活的物质和人际关系环境,更有利于幼儿的健康发展。

家园共育是幼儿园开展课程的一项重要内容。《幼儿园教育指导纲要(试行)》指出,家庭是幼儿园重要合作伙伴,应本着尊重、平等、合作的原则,争取家长的理解和主动参与。幼儿园打开门来办园的思路和具体策略,在许多幼儿园都已经成为常态,教师也越来越自然地把幼儿家长参与作为课程设计和活动开展的一条富有实效的路径,形成了很多的经验和方法。但也有一些教师在某些情况下还是存在顾虑,例如担心家长来园参与活动会给自己制造麻烦,觉得还不如自己做,或者将家长的参与视作对自己工作的"监督"而感到不自在等。

怎样才能让幼儿园、班级的课程实践更加富有成效和影响力?幼儿园教师首先要做的可能就是从心底里认定"家长是我们培育幼儿的'重要合作伙伴'",主动认可家长和我们的角色同等重要,双方在自己的场域中各自展开对幼儿的培育工作,主动争取家长的理解和参与",这是比让教师独立承担责任更宽广的课程实践道路。

在课程实施中主动吸纳幼儿家长力量

幼儿园的课程是丰富且不断变化的,我们主张教师要尊重幼儿的学习特点,循着幼儿的兴趣和发展需要,结合季节时令和社会发展的新鲜话题,提供丰富多样的、可选择的材料,引发幼儿和不同事物互动、与不同的人交流,主动创造适宜幼儿发展的活动。幼儿的家庭以及相关的资源和活动素材,就是为幼儿创造丰富学习机会的有力支持。

教师经常和幼儿谈论他们在家中、在家长的带领下做过的和经历过的事,有时候请幼儿从家里带来自己搜寻到的活动材料如水果、蔬菜等,还要结合幼儿的兴趣和发展需求,启发家长根据自己的条件带领幼儿开展社会实践活动,例如建议家长利用休息日带幼儿去郊游,参观博物馆、动物园、植物园,到图书馆或书店看书等,也会组织一些亲子活动。但教师也经常会听到家长"不理解"的话语,例如,"幼儿园为什么不能帮孩子准备水果、蔬菜?""双休日就忙着完成老师交办的任务,不得不花一整天的时间帮孩子做这些东西""这些东西都是家长做的,怎么体现幼儿的参与?"等等。不要以为家长是在计较花了一些钱,也不要以为家长是不想陪伴孩子,教师好心邀请家长参与的活动设计引发了家长的"埋怨",可能正是教师没有想好如何向家长说明为什么要这样做,以及具体该怎样做的反映。

所以教师不仅要向家长交代清楚具体事项,更要引导家长在这个过程中关注自己孩子的发展,关注自己和孩子互动的质量。例如,带孩子买菜时观察自己孩子认识哪些蔬菜,孩子对自己感兴趣的蔬菜会不会主动发问?能不能挑选想吃的蔬菜,并和成人一道清洗、烹饪、品尝,体会参与的快乐?陪孩子制作树叶拼贴画,是有目的地选择树叶还是无意识地拼贴?孩子是怎么描述画面的?

有他自己的想象和语言表述吗？他喜欢这个拼贴过程吗？孩子的活动引起了你什么样的思考？等等。这样言之有物、建议明确的沟通更容易说服、指导家长。

设计家长在班级课程中的参与可能性

当教师愿意把家长参与的幼儿园课程实践作为常态来接纳时，要认识到教育活动并不都需要家长来到幼儿园亲身参加，家长的参与形式可以多样，可以是在场的，也可以是不在场的。家长参与的关键是对幼儿园课程达成的目标（甚至具体事务的目的）有明确的理解，并用适合自己的方式给予关注、配合、帮助、合作等等。

对于教师来说，要主动促进家长对课程的了解和参与，结合幼儿园课程实施具体的要求和内容，对幼儿家长的参与内容和方式作出一定的设计、安排和组织。而家长各有自己的工作和生活安排，也需要明晰参与幼儿园课程实施的目的（比如是不是来园观察和照料自己的孩子）、找到自己可能参与的时机、方式，有选择地参与。教师要分析，在什么情况下，以何种方式，邀请家长参与效果会更好。做到心中有数，然后根据家长可能拥有的资源（包括人力、与教育相关的社会关系等）、可选择的参与方式进行相应的匹配，一方面满足部分家长的参与热情（避免部分家长始终拥有机会而其他人被忽视），一方面也主动向不怎么参与的家长发出邀请。但一定要尊重家长的意愿，接纳他们的实际能力，与家长做好具体的沟通、准备。教师可以培养自己养成习惯，在每次邀请家长参与活动之后，记录或分析家长参与的态度、方式、能力表现，以及自己可以如何调整，以便取得更好的活动成效；也可以和家长一起回顾、梳理活动过程，这个过程提升了家长参与幼儿园课程的意义，也可以更好地实现家园共育的目的。

与家长协商提升其现场参与课程实效的办法

当家长受教师邀请或作为志愿者来参与幼儿园的课程或具体活动时,教师需要比平时做更多的准备。教师要预先作出判断,家长的参与是否真的必要,他们的参与能否为幼儿的学习带来与平常不同的独特体验和特殊的机会。在确认了必要性之后,教师要做的就是和参与的家长共同协商,共同达成活动目标。

例如,幼儿对邀请某位妈妈来班级讲解警察的工作和生活充满了好奇和向往,警察妈妈也安排了时间准备走进班级参加活动,教师并不是要直接把自己的位置让给家长,把原本可以自己告诉幼儿的信息让警察妈妈讲出来,而要更多地考虑家长在场直接和幼儿互动的挑战。一方面要尽量满足幼儿多方面的好奇,允许和鼓励幼儿主动提问;同时也帮助警察妈妈做好物质和说话方式上的准备,例如在前期了解幼儿对哪些具体内容感兴趣,带上一些必要的图片和实物,也可以主动发起一些引发幼儿兴趣的话题,激发幼儿猜想并获得验证,等等。准备过程要充分尊重家长的能力和意愿,接纳他们的合理建议,让他们体会参与课程时被需要的感受和成就感。对于幼儿的祖辈家长来说,拥有更多的时间可以来园参与活动,教师通常会在一些节日中请他们来和幼儿一起活动,但祖辈家长可能更倾向于帮助幼儿去做事,所以如何影响和指导祖辈家长,是需要教师要去关注和调整的。

Q & A 来自教师的问题

Q1:幼儿园开放日中,家长们有的心不在焉,有的过度参与,有的对教师很挑剔,怎么办?

答：幼儿园通常都会定期举行面向家长的开放日活动，这是宣传幼儿园的课程理念和具体做法的好机会，也是倾听家长对幼儿园课程质量评价的机会。但每次开放日活动时家长的投入程度、收获都不同，有时还挺令人沮丧。

这可能和幼儿园对开放日的准备，以及教师对家长心理特点的把握、分析不够充分有关系。开放日活动目的就是欢迎家长全方位走进幼儿园进行深入观察，尽管幼儿园期望达成形成积极影响的目的，但我们永远无法完全预设和控制家长看见什么、想到什么，不如用更开放的心态接受它，把它当作一次从家长眼中了解幼儿园的课程、了解家长的过程。

但这并不意味着可以不加准备，而是需要更仔细地准备。教师们常常非常在意自己在家长面前的"完美"表现，其实家长期待的是看见自己孩子获得公平的机会和来自教师的关注与支持。除了幼儿开展的活动，教师更需要准备的是引导家长的注意，最主要的是引导家长去仔细观察：自己的孩子对活动的参与情况和发展状况。例如幼儿在群体活动中的表现，幼儿和其他幼儿的互动情况怎样。幼儿的各方面（尤其是家长关心的方面）的具体表现，甚至可以创造一些机会让家长更容易看见。作为有课程意识的幼儿教育工作者，这样的活动完全可以在自己的班级有目的、有针对性地开展，邀请部分家长进班，例如请对幼儿自理能力不放心的部分祖辈家长来观察自家孩子是如何在自己做事，以及在什么情况下得到来自教师或同伴的关心和帮助，让他们放心。教师这样转变视角去安排开放日活动，才有可能通过开放日把家园沟通的工作做到家长心里。

Q2：如何向家长解释高质量的亲子陪伴，要抓住哪几个重要的方面？

答：家长已经越来越接受幼儿的成长需要家长悉心陪伴的道理，也愿意接受教师的建议，和幼儿开展亲子活动或完成一些共同的任务，增加陪伴幼儿的时间，丰富内容。但这里面也存在一些误区。很多家长认为陪伴幼儿是对幼儿的兴趣和活动的"迁就",自己对幼儿的活动可能并不真正感兴趣,甚至还感觉幼儿的行为"可爱但很傻",其实幼儿是能感觉到家长对活动的兴趣和态度的。所以教师要引导家长选择从哪些角度参与幼儿的活动,让家长自己学会欣赏和发现幼儿能力的乐趣。同时教师让家长知道幼儿不一定需要"持续地守在孩子身边"的陪伴,高质量陪伴是能够随时在幼儿的邀请下积极参与,充分满足幼儿的活动,当他们不需要时就退出。有安全感的、有自己感兴趣的事情可干的幼儿是不会始终"求关注"的。相反,家长时时刻刻的蹲守和"唠叨",有可能是对幼儿的打扰。还可以指导家长认识到,心理上的陪伴有时候胜过共同做事的任务式陪伴。陪伴幼儿的方式完全可以是和幼儿处在同一个空间里,各做各的事,偶尔有温暖的眼神对视、表达情感关切的对话。所以为幼儿在不同房间里都准备些他可以玩耍或做事的空间,而不要让幼儿在他的房间(场地)里由家长专门去陪他。

Q3：有些家长对参与幼儿园的课程实施态度比较冷淡,该怎么办?

答：教师的确会感受到家长对于参与、了解幼儿园教育的热情有所不同,这是客观存在的,由于多种原因,不同的家长在幼儿教育这件事上的认识是千差万别的,具体的行为表现也很不同,教师不必太在意家长是否都用同样饱满的情绪来对待幼儿园的课程。当然要能明确区分家长是因为自己原因不愿意参与,还是因为对课程实施或教师有意见而不愿意参与。

教师要做的是确保幼儿园课程活动向所有家长敞开,积极表达希望他们参与的期待,也可以了解家长不能(或者不愿意)参与的原因,再进行针对性的沟通,达成相互尊重和理解,但教师并不需要为家长的不够热情负责。教师更重要的职责是让每一个班级里的幼儿享有公平合理的活动参与机会,确保幼儿的发展得到教师的积极支持。

第五章

合力实践课程，成就彼此

增加交流的时间和机会

共同为提升课程实施质量负责

提出和解决班级课程实施的问题

发现自己、欣赏他人

幼儿园教师是和自己的搭班教师、保育员共同开展保教工作、实施幼儿园课程的。幼儿园每一天的教育活动都离不开他们的相互配合。同时幼儿园里还有其他为了幼儿发展而工作的成人，比如其他班级的教师、后勤管理和支持人员、保教业务指导人员，包括园长，保健员、营养员等等。如此多的一群人在一起，心中都有着共同的目的——为了更好地推动幼儿的发展，这就形成了幼儿园的团队。而幼儿园中的每一个班级，就是一个更小、更紧密的团队，共同为全班幼儿的发展贡献力量。幼儿的发展必须在大家共同的关照之下，才可能提升效益。哪怕只是观察了解幼儿这件事，三双眼睛和三个头脑，一定强过一双眼睛和一个头脑。所以，教师要基于促进幼儿发展的目标，与同伴建立合作关系，幼儿的发展离不开成人之间合力的工作。

站在教师发展角度来看，教师的专业成长是持续的、贯穿在日常的各项工作中的。教师们不仅相互学习和激发，还相互陪伴、支撑，成为彼此不可或缺的伙伴。但通常在幼儿园工作中，我们往往强调的是每一个教师的专业性和责任感、工作水平，却忽略了幼儿园教师课程实施的一个重要特点，那就是由以教师、保育员为主组成的团队成员形成合力，相互协同，共同开展课程实施，并在持续的实践探索中彼此促进，获得专业成长。这是与教师独立的学习和进修不同却并行的专业提升路径。而且，如果离开这条路径，放弃鲜活的课程实践的现场而去谈教师的专业提升，那简直就是天方夜谭。

正是教师们拥有对幼儿发展的认同，他们想在一起、各自承担、彼此互助互学、相互激发和情感支撑，才确保了幼儿园的课程实施顺利开展，也成就了这一群拥有共同追求的教师，使他们的专业能力得到提升和作为教育者的自我价值得到确认。在幼儿园的课程实践中,教师们持续地共同工作,频繁沟通,才能确保他们的思考和行动同频共振。

那么幼儿园课程实践中,教师要怎样想、如何做才能实现这样的追求?怎样才能和教育伙伴共同为幼儿的发展提供课程支持,同时实现在教育探索之路上的彼此成就?以下是可以参考的具体建议。

增加交流的时间和机会

每个教育者或教育参与者,都有自己对教育的认识。班级里的教师(或其他成人如保育员),并不是因为每天在一起工作就会自然地相互认同。教师真正产生合作实施课程的基础,是在观念、目标上达成共识,理解、认同幼儿园课程愿景和幼儿发展目标,才可能在实践中拧成一股绳。所以,要花一些时间,主动去和自己的教育伙伴们交流,主要目的是了解他们的想法,例如他们是如何理解幼儿园的课程目标的?也可以问一问,在培养幼儿上,他们有哪些具体的想法?更可以根据自己的观察去深入了解其他教师认为重要的东西是什么。大家只有找到共同认可的培养幼儿的目标,才会愿意协同做事。但这些事并不需要"一本正经"地进行,而是伴随着与相关的工作伙伴共同工作的过程而自然展开的。

主动观察、倾听不同的教育伙伴

幼儿园的课程基本以班级为单位在开展,这就增加了教师对自己紧密的合作者(搭班教师和保育员)的沟通需求,首先要保证自己和他们有持续、密切、高频率的交流。例如,共同制订保教工作计划和活动安排组织,观察幼儿并交流幼儿发展情况,经常讨论发现的问题并及时调整、共同改进等。随着幼教改革的推进,教师了解幼儿发展过程的需求越发强烈,所以班级两位教师共同进班级开展活动的时间也越来越多,彼此对各自的课程实施方式、特点、需要的了解也不断增加,教师之间基于对幼儿活动目标的彼此确认,更容易达成默契。

同时,教师之间跨班级的交流虽然由于带班时间的设定受到一定局限,但教师们相互沟通的需求并没有减少,教师们会带着自己在实践中的经验和体会,自然地和其他年龄段、班级的教师交流,尤其是和带同样年龄班的教师除了有专门的教研实践,还经常利用休息、进餐等时间主动"自发研讨"。我们发现,教工餐厅几乎是幼儿园最热闹的学习场所。而教师们讨论的话题离不开幼儿的表现、自己的理解和分析,以及教育经验、方法的分享和传递,更有"吐槽、自嘲"等情感释放。教师们通常会在这样"非正式"的场合下自然讲出自己的真想法、真做法,甚至比参加教研活动这样正式的研讨还要"原汁原味""接地气"。所以,想要提升班级的课程实践水平,教师完全可以在这时候"竖起耳朵、敞开心扉",在轻松的沟通中相互学习和借鉴,也让彼此的情感融洽。

共同承担责任,达成默契

作为一个紧密合作的团队,班级的成人要共同为班级课程顺利实施、为幼儿发展负责。幼儿园教师是为了幼儿发展而需要去协同、合作的职业,与班级里的其他成人形成平等、相互尊重的合作伙伴关系,不但能帮助彼此在专业上的发展,也为幼儿园课程的实施和推进建立良好的平台。所以,我们要学会"主动成为别人眼中认可的人""主动建立积极的信任关系",将这两件事作为我们的"必修课"。班级教师的课程实践需要合作,但合作的必要条件是既了解自己、又尊重他人。

教师在共同工作时会有自然的分工,具体是指班级课程规划、安排和实施中的分工,但目的是幼儿的发展,要和班级中的教育伙伴主动建立健康、积极、和谐、信任的关系。合作始于了解自己,成于尊重他人,朝着"双赢"的方向去发展,实现互相成长的关系才是良好的合作关系。

每个成人在其中承担的角色和具体任务会有所不同,比如一些角色分工是比较正式的,例如主班教师与配班教师的分工,班组长与班主任的角色显然有不同。但分工是建立在共同目标(即希望将幼儿培育成怎样的孩子)上的,形成为了幼儿健康和谐的发展一起努力的"共同体"。分工不是将课程实践的过程简单分割开来,而是强调在课程实践过程中主动承担约定好的内容和过程,教师们设法成为彼此心中那个值得信任、依靠的教育伙伴,主动发挥各自的长处。例如有的教师善于观察幼儿的发展情况,而有的教师更善于与家长沟通,还有的教师在创设适宜的环境上有独到的能力,教师们在共同工作中很需要在了解彼此的基础上相互借力、彼此支撑,以此提升课程实施的整体成效。

在课程实践中相互扶助支撑

幼儿园的课程实践是教师共同承担的,但对每一位教师各自的专业能力要求可不低。所以教师的专业发展始终是幼儿园管理的重要内容。而教师对于自己如何在工作中获得全面成长也甚为关注,这是教师职业生涯规划的重要组成部分,也是教师的价值体现和职业幸福所在。如何在具体、复杂的课程实践中,在教育同伴的陪伴和支撑下不断发展,获得保教能力和观念的不断提升,是值得每一位教师思考的问题。

通常幼儿园管理者会认真考虑,根据教师的特点、资历、能力搭配并安排班级成员的组成,一般来说年轻教师更可能获得富有资历的教师的指导。有经验的带教教师会利用和新教师一起备课的机会和他们深入讨论,倾听青年教师的疑问和想法,但由自己来撰写计划,以确保青年教师拥有充分理解消化的机会;第二年可能就会请青年教师根据两人的讨论撰写计划,以确保青年教师有完整思考与陈述的机会。当青年教师遇到问题的时候,与他一同工作的教师则比其他人更容易站在他的成长过程的角度上理解他的需求,发现并展示他的进步和变化,这对青年教师是切实的情感鼓励,让他能更坦率、有勇气地面对专业成长上的挑战。

同时,我们在实践中发现那些资历较深的教师也会从不同角度向青年教师学习。和年轻人一起工作,也"倒逼老教师学习",比如经常接受来自他们的提问和思维冲击,进行自我反思,从而获得出其不意的新成长。很多有经验的教师也深刻意识到,向青年教师"输出经验"的过程是实现自我成长的重要契机,因为把自己的做法和背后的思考、价值选择清晰地提炼和表达出来,是专业成长的新阶段,能使自己达成从"自己能做好"到"帮助别人学会"的专业发展进阶。

借助信息化手段提升效率

幼儿园教师的日常保教过程和内容头绪繁多,能够静下来沟通的时间真的不多,教师们在不同的地方各自忙碌,所以借用信息化手段进行沟通就是比较便捷的选择。现在,除了幼儿园为教师建立线上"课程资源库"以备教师学习、选用以往积累的优秀活动资源以外,教师甚至可以运用线上共享编辑功能来共享文档,进行活动安排、计划、记录,也用于共享幼儿观察记录的图片和视频,甚至进行各种形式的网络教研活动。教师们即便不在一处办公,甚至有可能就在相邻的两个空间但无法面对面交流时,也可以利用各种交流工具进行沟通和讨论,共同完成必要的工作,这时候虽然没有面对面,也是一种"遥远的"心灵上的联络和沟通。

值得提醒的是,虽然信息化手段作为幼儿园教师工作的辅助手段在很多场合都有应用,但作为成人的教师,还是要非常注意在和幼儿互动的时候,尽量避免手机等电子设备的打扰,做到静心陪伴和倾听幼儿,专注和幼儿相处。

Q & A 来自教师的问题

Q1：新（年轻）教师如何做，才能融入课程实践团队，实现主动发展？

答：新教师或者青年教师，在刚踏入幼儿园工作岗位之时，会面临多方面的挑战，他们一方面对自己有理想化的顺利展开工作的高期望，一方面还缺少实践经验，与幼儿及其家长互动、活动设计与组织、环境创设等事项让他们应接不暇，很容易身心俱疲，有强烈的被支持的需要。但是他们在幼儿园人际环境中是新人，很可能还处在和本班级搭班教师相互适应的阶段，也可能还不知如何去建立班级保教工作之外的关系，更好地融入幼儿园这个集体。

这个时候，最好的办法就是多观察、多倾听，主动提问和追问，而不要闷头独自探索。只要肯开口提问题，无论是在自己的班级中，还是在班级之外，一定会有愿意提供建议和帮助的人。很多有带教经验的教师，都非常愿意听见青年教师提问，也非常愿意提供解答和帮助。而面对"不声不响"的年轻教师，他们不太容易了解也不知道该不该提供帮助。同时，年轻教师也可以经常和差不多年龄和资历的教师聊天，他们可能更能理解彼此的处境，并给出最直接的经验，也能提供情感上的理解和支持。

Q2：有的教师性格内向、不善交往，如何更好地实现与他人的沟通？

答：虽然人们通常认为幼儿园教师总体的性格特点是活泼外向，但这恐怕是一种对与幼儿相处的人的误解，他们大约在期待幼儿园教师开朗、好沟通，愿意用自己的热情去关心和引导幼儿。以至于一些教师自己性格不外向、不好交流，就感觉自己缺少了什么。其实，幼儿园教师群体中各种性格特征的人都有，很多优秀的幼儿园教师也并不是外向的，他们更善于从旁安静地观察，从而更理解幼儿和他们的周围在发生什么事。每个人的性格很难改变，我们需要改变对幼儿园教师的"刻板印象"。谁说性格内向就不能做好教师？幼儿园教师的专业发展中，显然也没有需要去改进教师的性格特点的要求。

相反好些看似不善于交往、性格内敛的教师更善于倾听，愿意安静地观察幼儿，持续地保持对他人的关注，对其他人的行为表现非常敏感；有一些教师还非常喜欢深入思考。这些都是做好教师的优势，若能在自己的课程实践中发挥出来是最好不过的。

和身边的其他教师、教职工沟通，并非一般意义上社会人际交往，而是围绕幼儿的发展、课程设计与组织、教育问题等有内容有目的地交流。当话题聚焦在这些内容上时，他们只要能自然地表述自己的理解和想法，也就不难与他人沟通，有时候他们的观点还非常能给人启示。

Q3: 在日常课程实践中，教师还需要增加和哪些教育伙伴的沟通？

答：虽然幼儿园教师最经常接触的是本班级的搭班教师，并相互把对方视为不可缺少的搭档，但是不得不提醒的是，教师还需要刻意增加与幼儿园内其他教育伙伴的交流和沟通。

一是主动和本班级的保育员、幼儿园的卫生保健老师、幼儿园食堂营养员、后勤管理和支持人员等相对"二线"的支持人员沟通。他们是为幼儿健康发展提供"不那么起眼"但实际上是重要服务的人，教师可以通过和他们主动沟通，全方位了解幼儿的发展，并获取重要的支持信息。例如从卫生保健老师那里可以获知一段时间内班级幼儿的生长发育指标和总体状况，以及相应的指导知识，这些是家长非常重视的信息。据了解，拥有这样习惯的教师还太少，教师们总是有意无意地忽视保健教师的工作内容，实际上，他们的帮助可以让教师拥有更完整的养育幼儿的视角。

二是要养成主动和课程实施的支持者包括幼儿园园长等管理和专业指导人员沟通的习惯，这可以让他们更了解本班级幼儿发展的需要，提出课程实施的需求和帮助请求,也可以获得他们的支持和指导。许多幼儿园教师也还不太习惯这样去做,而这恰恰包含了对园长、保教主任等"管理者、指导者"的误解,其实他们大都非常愿意听到来自班级教师关于课程实施的思考和建议,包括求助,因为这是他们的工作价值的重要构成。

共同为提升课程实施质量负责

班级课程的实施质量，说到底就是幼儿拥有的发展机会的品质。所以，一个班级的两位教师如何理解班级课程的质量，如何理解"怎样的课程才是优质的课程，幼儿如何才算获得了健康发展"，构成教师合力追求高质量课程实施的必要基础。如果教师在这些想法上大相径庭，做法上各奔东西，幼儿的健康和谐发展就完全得不到保证。这也是幼儿园不断组织教师深入学习课程理念、原则，把握幼儿发展目标，达成观念统一的意义所在，即期待教师们针对"什么是幼儿的健康和谐发展"建立观念上的共识，并在实践中保持一致。

幼儿园教育的重要特点是"教养并重"，而且始终是教师之间长期持续合作开展，实施全方位整体育人，班级教师组成小团队为幼儿发展提供适宜的课程支持，是很日常的状态。具有一定带班经验的教师们很容易就会发现，在为幼儿创造稳定、舒适的班级环境和氛围，培养幼儿生活习惯、遵守规则等方面涉及许多细节，如果两位教师不能始终协同一致，往往会事倍功半；一些需要持续开展的活动，若两位教师的儿童发展观不一致，目标往往也难以实现；对于个别特殊儿童特定能力的关注和培养，也需要两位教师协同才能有效。两位教师面对家长工作的沟通方式、目的不统一，甚至可能产生消极影响。

在班级以外，幼儿园内也有很多机会需要教师和其他班级的教师、其他的教职工共同实践，完成某些教育任务，这就需要更为主动、刻意地准备和组织。很多时候，幼儿都是在由多位教师、教职工共同策划、组织的活动中去开展活动并获得发展的。从活动的发起、过程运作到完成后的整理、评价等，都需要教师的参与，而不是一个人就能"说了算"。作为一个为幼儿发展负责的课程实施团队，教师们必须共同展开课程实施的全过程。这个过程并非只是将教师们在物理空间上"捆绑"在一起，而是强调教师之间要对幼儿发展目标达成共识，共同关注课程质量，并展开各自的主动实践。

共同制订计划并实施、评价质量

理想的班级课程运行，是在班级两位教师（有时候甚至需要保育员参与）全过程的共同规划与实施、评价中完成的。例如，在制订班级的学年、学期、周、日计划时，教师们首先需要对班级中幼儿的发展情况有充分的沟通，对幼儿园提出的与课程实施相关的重点工作或问题要有充分的理解，然后再开展计划的制订。同时，在班级课程的实施过程中，始终要保持动态的参与和信息掌握，定期或随时围绕幼儿在课程实施中的表现进行密切沟通，并根据需要调整计划或方案。班级教师需要相互理解、相互关注、相互主动回应，才能确保课程实施按照一定的计划、节奏顺利进行。

有的幼儿园建立了以班级为单位的课程设计、实施、评价的制度，帮助班级教师建立课程运行中的全程协同意识，但更多的教师通常是出于对班级课程实施质量的自发追求，而主动开展协同合作。他们不仅同时进班，主动相互关注、主动沟通，相互回应和补位，还经常在一起讨论问题并作出反思和调整。

有幼儿发展意识、课程质量意识的教师，总是在观察幼儿发展的基础上，不断反思自己为幼儿创设的活动是否激发和满足了不同幼儿各自的活动和发展需要，是否帮助幼儿扩展或提升了经验，幼儿主动、有意义的学习与发展是否在发生。班级教师之间也经常会在各种时机下商讨日常活动的改进可能。

协同观察、增进对幼儿发展的支持

我们期待幼儿园的课程能够更好地支持幼儿的发展,越来越多的教师在逐步养成观察幼儿的习惯,努力倾听和发现幼儿的兴趣和发展需要。而两位班级教师基于日常对幼儿的观察,经常会自发交流信息,相互补充,让彼此都拥有了更加全面、立体理解幼儿发展的状态的可能,从而有效地启动了教师对自身保教行为的反思。有的班级老师会有意识地对关注幼儿的角度和重点进行分工,比如你侧重观察幼儿在语言发展方面的变化,我更多关注幼儿在社交方面的行为和认识水平。也会针对他们共同的关注点在不同场景中展开观察,然后自然、主动地沟通和分析信息,尝试动态调整预设计划或方案。幼儿的发展吸引了教师的共同注意力。这都是非常好的状态。

基于幼儿发展增进教育共识

每一位幼儿园教师都是富有个性的人,具有鲜明的性格特征、行事风格,有自己的受教育经历和从事幼儿园保教工作的实践经验。虽然幼儿园努力地要把所有教师塑造成"理想教师的模样",但那只是一种对教师形象的方向性追求,现实中的教师一定是不同的,而且在各方面差异还非常显著。无论是幼儿园管理者还是教师自己,更理智的选择都是去接受"教师就是一个个不同的教育者"。

同时,幼儿园教师也是一种职业和社会角色,对成为幼儿园教师的人具有一些普遍的规定性,例如"尊重和爱护幼儿、追求幼儿培养目标的实现、具有幼儿发展规律知识、拥有和幼儿互动的专业技能",等等。我们所说的"做教师""教师专业发展"都是在强调对教师这个社会角色的特定要求,甚至还有相应的

"专业发展标准"。但这些的提升或达成并不那么容易,幼儿园教师需要投身共同的课程实践,才有可能在这些方面不断达成共识、提升认识水平和实践能力。因为课程实践的现场充满了真实、具体的挑战,能够不断刺激教师们对幼儿、对自身实践的审视和改进。教师们发现只要大家都是在乎幼儿发展的,那么很容易在一些事情上达成共识,甚至创造出教师提升和改变的机会。例如,在生活中一位教师对幼儿更放手,而另一位更倾向于提供过度照料和保护,但是当大家都去仔细观察幼儿的发展表现和倾听幼儿的心声,就会懂得并认可"幼儿需要通过亲身经历而获得锻炼并体验自己的成长力量",可能就更容易引发第二位教师的反思。"心中有幼儿"的教师们已经逐步尝试接纳"预设+生成"的课程内容形成方式,不满足于用预先制订好的计划或方案限定幼儿的活动,同时,也因为有了很多观察理解幼儿发展的机会和不断提升的能力,教师们已经"无法忍受"看见幼儿的发展(包括"与自己想象中不同的幼儿")而不调整原有的计划,这正是幼儿园课程实践的转变,也推动着教师的课程实施逐步从"为了幼儿发展"走向"基于幼儿发展"。

Q&A 来自教师的问题

Q1:和搭班教师在课程实践中产生了不同的意见,怎么办?

答:首先我们要认识到,只要有共同工作和实践的地方一定会产生矛盾甚至冲突,教师的课程实践自然也不例外。但是可以通过一些分析和努力去尝试化解矛盾和冲突。通常来说,教师都希望幼儿拥有适宜的发展机会并获得成长,只是在一些具体场景和做法上因为不同的视角、认识水平、实践能力等而产生不同意见。但是一个班级的幼儿是要两位教师共同来培育的,所以教师之间最好要在"培养怎样的幼儿?如何才能培养出这样的幼儿?"等问题上达成共识。如果一位教师期望培养"主动探索"的幼儿,而另一位更喜欢"听话守规矩"

的幼儿,那么幼儿园课程价值的根本选择就应该成为达成共识的基础,可以通过培训或教研活动来帮助教师深入理解幼儿园课程的导向。

如果教师都理解并认同"怎样的幼儿是我们要努力培养的",但是在具体方法上出现了偏差,那么可以做的就是引导教师仔细观察幼儿在不同教师指导下的不同行为表现,对自身的教育理念和行为进行反思,从而推动教师主动尝试改变。比如教师发现搭班老师对班级种植角亲力亲为,孩子们却只能看不能动,就提出哪怕孩子们种不好也要参与进来,但搭班老师嘴上答应却不放手,于是该教师决定请孩子"点点"她:"提议一起制作植物角的班牌:'谁为园地付出得最多、最辛苦,我们就写上谁的名字!写谁呢?'孩子们都说是黄(搭班)老师。搭班老师看着我无奈地笑了"。她顺势成功地请搭班老师把照料菜园的活动传给了孩子们。

Q2:班级课程实践中,哪些事情必须要两位老师一起干才干得好?

答:不妨听一听幼儿园的教师们自己对这个问题的解答,也许会有启发。"一是营造班级氛围。也许两位老师的性格、兴趣等完全不同,但是两位老师一定要一起努力营造一种宽松、温馨、有序的班级氛围,比如同伴之间友好互助、鼓励幼儿质疑等,给予幼儿一种纯粹的安全感。二是推进活动进程。当班中幼儿对某个话题特别感兴趣时,两位教师可以一起参与讨论,出谋划策。在实践中一定要及时分享,如中午交接班时,上午班教师可将幼儿活动的进程主动分享,便于下午班教师及时跟进、持续推进。三是家园沟通一致。家长经常会给教师发消息,有的时候他们是有意选择某位教师,有的时候是随机,两位教师一定要经常沟通和各家长沟通的内容。特别当有家长提出问题时,两位教师一定要一起细细地琢磨一日生活中的各个细节,达成共识,再和家长沟通。

"我觉得自己一个人啥都能干,但是得不到搭班的配合和理解,又啥都干不成。"(这)涉及标准制订,得两位老师统一要求的内容的,不一起干就干不好。

比如,孩子的习惯养成(倾听习惯、生活习惯等)。如果一位老师要求孩子午睡时将衣物折好放床尾,另一位老师却不作要求,久而久之,孩子也不去做这件事了。又比如,记录幼儿游戏故事中的"一对一倾听",一位老师请孩子们在游戏故事记录之后,也给老师讲一讲;另一位老师却没有这个习惯或意识,孩子也没了方向,形成不了找老师聊聊游戏故事的习惯。但反过来想,哪怕分头干,甚至反着干,只要理念是一致的,或许最终也能干好。例如,"户外游戏中幼儿萌生了'想当解放军'的主意,我提议和孩子一起搜集、了解更多关于解放军、军事基地等的信息,丰富经验,其余材料暂不提供;搭班黄老师却坚持老师可以先布置场景,提供一些现成材料。就在我们各自打算、分头忙碌之时,孩子们倒在场地之外打起了'游击战',他们追着跑着,练习'打枪',瞄准投射,乐此不疲。谁说他们想的是我们以为的那个'解放军'呢?我们不约而同地停下了说服彼此的努力,因为我们都相信:幼儿有自己的计划和思考,他们的兴趣与生长点才是幼儿和我们老师共同的纽带。"

提出和解决班级课程实施的问题

幼儿园教师是从事幼教实践最重要的人,他们和幼儿日日相伴、时时相处,与此相关的学习和生活,带给他们丰富的刺激和挑战,他们每天都在发现问题、分析问题和解决问题。有一些问题是经常发生也很容易解决的,但有部分问题是教师无法靠自身已有的经验和能力来解决的,比如当教师专业水平还不足时经常无法应对来自幼儿的挑战。还有一些问题是教师感到始终萦绕在心头但仅仅依靠自己的力量又无法解决的,比如幼儿园课程运行中没有给教师留足观察和分析幼儿的时间和机会,教师有心无力。

从期待教师成为幼儿园课程领导者的角度,我们相信,勇于面对自己教育现场中的不解与困惑,乐于思考和尝试并反思,经常和他人共同探讨教育方法、手段甚至价值的教师,是拥有活跃的教育生命力的教师,在持续不断地直面现实、直面自己的过程中,他们越发积累教育的智慧、淬炼着与幼儿互动的技能、优化着自己的课程实践,从而也获得了一种持续向上研究幼儿教育规律的内驱力,这是他们作为专业的幼儿教育工作者的核心动力。

一般来说,管理者善于解决问题,而领导者则更具有提出问题的勇气和视野。当幼儿园教师成为课程领导者,他不仅会敏捷地抓住关键处理一般情况和当下发生的具体问题,而且会主动提出问题、表达疑惑、持续钻研,希望能洞察问题的核心,主动反思现实,经常追问与价值和目标相关的问题。提出与分析问题的指向和性质,也恰恰显示了教师的专业化水平。

探寻幼儿成长的秘密

幼儿阶段是成人无法"回去"的成长阶段,身为成人的幼儿园教师,也要依靠专业学习来获取自己年幼时关于成长的相关知识。好在关于幼儿发展规律性和特殊性的研究已经很多,并且还在不断发展和丰富,只要教师愿意,总能找到记录和研究幼儿发展秘密的理论与新研究。

但是仅靠"读书"是无法把知识和具体幼儿的成长连接起来的。当一位学前教育专业的学生真正走进幼儿园亲身展开幼儿教育的实践,和不同的幼儿相处,他才开始一点点对幼儿的成长有了感性的、稍微深入的把握。而且,由于教师是如此愿意相信自己而容易陷入"自我中心",往往就会陷入脱离幼儿实际的状况,难以(或者不愿意)理解幼儿和与他相关的一切。所以,教师的专业成长很大一部分,是在克服自己作为成人对这个世界、对幼儿原有的认识,承认幼儿的存在目的和方式是与成人不同的,且在发展的。

身为课程领导者的教师是聚焦幼儿发展的,所以他们的心里一刻也放不下幼儿的发展。他们在课程实践中始终探寻幼儿成长的秘密,而他们采用的最基本的方法是在幼儿园一日生活中持续、深入、全面地了解幼儿,观察他们的行为、表现,倾听他们的话语,结合自己已有的知识努力去理解和支持每一个幼儿。很多优秀的教师都对幼儿的成长、变化无限好奇,脑子里总是盘桓着若干关于幼儿成长的问题,始终在对幼儿成长过程、原因的不断探索中找到乐趣和动力。他们总是想弄明白"为什么孩子们会这样表现(说、做、提问等)?这说明了孩子什么方面的发展呢?"他们持续观察,并自发记录着引起自己探究愿望的那些场景和幼儿的表现,在任何可能的情况下和同事或幼儿家长探讨他们的想法,也主动向心中更专业和富有经验的人讨教。但是幼儿的成长过程是如此丰富,对于大多数对幼儿感兴趣的教师来说,仿佛是永远值得探索的宝藏,不断提供给他们最根本的研究动力和意义。

做自己实践问题的研究者

与对幼儿发展的好奇并行的,是教师对自己的教育实践的探索,这也是构成教师专业发展的主要内容。在课程实践中"怎么办?如何做?",是教师无数次面临的挑战。幼儿园教师的问题探索并不需要"高大上",也不必要求自己写出多么系统的理论文章,重要的是去满足自己"想要知道为什么,想要解决问题"的内部需要。这是面对发生在自己班级中的那些困难和困惑的最好的选择。比如,如何改变新生进餐时的紧张情绪?角色游戏中有科学探究吗?如何引发幼儿对自然角的观察记录兴趣?小班幼儿来园能进行自主性阅读吗?幼儿为什么不主动提问,怎么让幼儿喜欢提问?传统节日教育如何融入班级日常课程中?如何帮助个别幼儿改善"爱忘事"的情况?如何引导幼儿自主安排活动转换时间?等等。选择面对这些问题,让教师感受到自己的存在,生发出一种踏实感。解决了这些问题,又会生发出其他感兴趣的问题。这是一种为了课程大目标的实现而实实在在的研究,是属于教师回归提出和解决问题的本源的研究,因为它们就发生在教师自己的教育现场,并能够有效帮助教师获得身为教育研究者的真实的成就感。

教育的天地里关于实践问题的研究太多了。教师们常常被要求和指引着去研究一些"具有普遍意义的""有高度的"问题,所以经常会"研究了问题但不确定它是否解决了自己的问题,是否化解了自己最初的困惑"。这些问题不是不可以研究,但是要确保这些问题并不是虚无的和假模假式的,至少是源于教师想去研究与自己密切相关的那些问题。所以,有课程领导力的教师会有意无意地选择去面对自己作为教育者的疑惑和思考,主动研究自己身上、身边正在发生的那些令人不理解或者难应对的问题。用来自真实可感的具体教育场景中的问题来指引自己深入教育实践,并获得新的认知。

持续聚焦问题，洞察本质

幼儿园教师的课程实践是具体而繁复的，也可以说是日复一日地重复的，充满了各种影响因素。表面看来幼儿园教师比较难以静下心来，似乎找不出整段的时间来专心思考，实践中那些或偶然遇见或反复出现的疑问和思维火花，稍不留神就溜走了。当被问及"有什么问题或思考"的时候，总感到有好多话想说，但说出来的都是即时的只言片语，并不是自己真正迫切需要解决或者讨论的。

有课程意识和幼儿发展意识的教师，会有一些方法来帮助自己对抗这种工作方式带来的困扰，让自己始终能在不断发生的事件或片段、现象当中，找到自己关心的主线，在一些问题的思考上保持连续的专注和聚焦，而这个过程能够帮助教师洞察问题的本质。有的教师会在记录下某个幼儿在不同情境中的具体表现时，发现自己对幼儿的理解过于零散和表面；有的教师回顾一段时期的反思笔记，结果发现自己竟然拥有一些日常难以觉察的习惯和视角；有的教师会发现一段时间以后再去思考同样的问题，自己的思考竟然更加深入了，甚至产生了截然相反的理解。而帮助他们跳出琐碎的日常、洞察问题本质的，就是将看似表面无关联的事件在情景中建立联系，让发生过的事件产生完整、深入的意义。

思索和探讨价值选择

幼儿园教师的工作非常具有创造性，不仅包含无数的实践操作过程，而且具有相当多的价值判断、思维创造参与其中。虽然教师工作的主要对象是幼儿，但是为了培养能够适应和创造未来社会的人，也为了让幼儿成长的当下具有它本身的价值，教师需要作出基于长远考虑的选择。而且这些选择不容他们经过深思熟虑之后再决定开始行动，而必须在实践的过程中边想边做，而且要越来越会做这样的价值选择。选择的过程，不仅是提升作为教育者境界的过程，也是让教育实践构成自己教育主体性、创造教师生命价值和意义的过程。

正因为教师面对的幼儿离他们走进社会和未来生活还有很远的距离，所以这些选择就尤其重要，因为它们将为幼儿的发展奠定大的方向。在人的发展中，选择正确的方向无疑是最重要的选择，作为教师，要尽量去思考一些"大"问题（而不是去追求一些小技巧）。比如，幼儿园一日生活怎样才满足幼儿当下的发展需要并指向他们未来发展？身处信息化时代经常接触虚拟世界的幼儿为什么需要多积累直接经验？教师经常说满足幼儿的兴趣探索，感兴趣的过程给幼儿带来什么？幼儿期的阅读和人一生的阅读追求是一致的吗？

而一些教师却在实践中忽视了这样的追问和思考，因为他们可能认为这些问题有专家来回答，甚至已经给出了确定的答案，自己只需要去关心如何做就可以了。但无论专家和学者们给出了怎样的答案，不经过教师自己在思维和意识中的内化，是无法发挥作用的。事实上，教育是面向幼儿、面向未来的事，教师只有结合自己的思考主动去思索过这些问题的答案，站在更长远的未来再回看当下，才能为自己目前该怎样做作出更智慧的选择。

Q & A 来自教师的问题

Q1：我在观察幼儿上花了时间，但发现理解和解读幼儿发展有困难，怎么办？

答：观察幼儿是教师了解幼儿的基本方法和手段。对幼儿进行持续、全面的观察从而达成对幼儿发展需要和发展进步的理解、支持，是教师工作的重要基础。教师们现在正在养成真正去观察幼儿的习惯，通常就是从将最主要的注意力聚焦到幼儿身上、肯花时间了解幼儿开始的。而观察的过程至少包括两个方面，一是看发生了什么，二是理解这个过程代表的意义。前者又是后者的基础，所以，一边先保证自己有充分的时间仔细看幼儿身上发生了什么具体的行为表现以及来龙去脉，一边解读这些情况对幼儿、对自己说明了什么。觉得自己"看不懂幼儿"的教师，可能主要有三种情况：一是观察幼儿的机会和时间还不够，停留在完成观察任务上，造成片段化的不客观解读；二是自己头脑里有太多的不自知的"先入为主"的念头占据了客观看待、理解幼儿的空间，这些念头需要被质疑甚至清除；三是由于教师对幼儿发展知识储备不足、解读视角的局限，导致缺乏全面理解幼儿发展的能力。这三者又经常交织在一起。

最有效的办法是这样来观察：让教师在观察中自己做主，由教师自主选择引发自己好奇和疑惑的幼儿或某些活动情况与现象来记录，然后带着自己的思考尝试分析，去找不同的教育伙伴（搭班教师、有经验的其他教师、园长等）对话和讨论，听听他们的理解和解释，在这样的过程中，一点点找到观察幼儿对于教师自己的意义，发现自己对幼儿理解的视角和水平，同时获得视野和认识水平的提升。比如，"我和同伴同时观察到了这个情况，但我们对幼儿的理解完全是两个不同角度。我是这样看，而他是那样看的，也很有道理，扩展了我对幼儿的理解"。"和园长讨论帮助我解决了我对这个孩子的好奇，我更理解他了"。这也是让教师对自己的观察越来越自信的过程。

Q2：怎样让自己养成发现和解决班级课程问题的习惯？

答：所谓习惯，就是一旦遇到某些具体的熟悉的场景就会自然自发地按照相对确定的方式去做。所以如果教师有了"养成发现和解决自己班级课程问题的习惯"的想法，那么可以从"去做"入手。比如，给自己一个小本子（或者建立一个电子文档），要求自己无论多忙，只要发现一个问题，或者不理解、想深入了解的情况，就立刻简明扼要地记下自己的想法，不让这些珍贵的闪念丢失。然后定期或随时再去思考,或者与他人讨论,记下你觉得可以帮助自己的方式或有价值的建议,然后一一去尝试,并根据实践效果不断反思和调整,直到问题得到解决或自己满意的解释。对于班级课程实践中的问题,有时候教师单独思考还不能解决,所以,最要紧的是和搭班教师、保育员、家长商量,甚至也可以简要记录成"班级问题日志",不仅倾听他们的想法和建议,也和他们共同解决问题。然后,有意识地回顾发现和解决问题的过程,看看是什么产生了关键作用,从这个过程中你学到了什么。

班级课程实践中永远不缺少问题和值得探究的内容,关键是教师是否愿意直面问题,把它作为有乐趣、有价值、有回报的工作方式。

发现自己、欣赏他人

当被问到"你是否了解自己"时,很多人都会反问:"我怎么可能不了解自己呢?"显然,我们对自己、对自己承担的幼儿园教师的角色职责都有自己的认识和理解。同时,当被问及"你了解你的搭班(同事)吗?"时,我们也多少说得出一些感受和体会,还能举出典型的例子来说明自己对他们的理解。

然而作为教育者,作为通过自己去影响他人成长的人,我们依旧需要更深入地去了解自己和他人。了解什么呢?主要是作为教育者的我们的成长和生活经历带给自己的价值观、自己和幼儿相处时的行为模式等方面的习惯、特点和趋势。这样的分析和了解,能够有效提醒自己作为教育者的优势和缺陷,有助于我们更好地承担教育者的角色。教师如何看待自己、怎么理解身边的教育同伴,将会影响他们对自己和同伴的期待,以及决定如何与同伴相处和共事。

幼儿园教师的课程实践是在具体的工作场景和心理氛围中发生的,不是仅凭借拥有的幼教专业知识和技能,而是不同的人一起做大家都认为有价值的教育工作。认识到这一点,教育者就不再会简单化、理想化地理解教育,而去寻找并构建出更拥有共识、欣赏个性、彼此尊重和信任,并充分展现创造性的课程实践和专业发展的场域。而最好的期待,莫过于教师们在共同的课程实践中,建立起教育者之间的彼此欣赏和认可,充实每一位教师对自己的理解和积极期待,让大家拥有因聚焦幼儿的发展而凝聚在一起的归属感、成就感。

这样的期待完全可以结合幼儿园教师的日常实践来达成，下面就是一些积极的尝试途径。

用"第三只眼"端详自己

认识自己是很难的事，但正因为困难，所以需要努力尝试去寻找方法，让自己的认识有机会被不断"打破和重建"。教师很难客观认识自己正在进行的事或者当下的想法，一些教师有写教育笔记、日志的习惯，这是非常难能可贵的，但是教师独自的思索，有时候也会把自己困在自己的思维圈层里。所以不妨想一些办法来帮助自己重新发现和认识自己。例如，让搭班教师观察自己，并陈述他的理解和感受，或者架设摄像机拍摄自己和幼儿相处的场景并回看，追问自己为什么要/会这样做，而不是那样做。教师主动寻找更为客观的方法，发现自己是如何工作的，努力甄别和发现自己是怎样的教师，从而获得反思自身教师角色和价值的机会。

当然，在日常工作中教师也完全可以主动成为同伴的"镜子"，在他们需要的时候提供客观的观察，表达对他们的理解和感受。注意，这和积极向教师提意见和建议是不同的，是相对客观地呈现信息和证据的过程，让同伴可以看见和意识到"发生了什么"。例如，当搭班教师在带班的时候，你可以观察和如实记录他的行为、做法，也可以记下你观察到的孩子的表现，然后和带班的教师谈论"你当时为什么这样做？心里是怎么想的？"等等，这给了带班教师一个机会去看见自己的有意或无意的行为，从而发现内心的想法和通常的习惯做法是否值得讨论。至于同伴如何处理和改进，那是他要去作出的决定。结合在幼儿园经常进行的"听课评课"过程，教师们可以多做这样的尝试，让每一个人参与观察，对组织活动的教师来说是一种有价值的旁观者视角的参照。

寻找适宜的碰撞和对话者

教师是需要身心投入的职业,看重作为教育者的主体性和存在意义,需要找到心灵相通的专业对话者,而在自己可及的范围内,拥有至少一位彼此欣赏、信任的伙伴,是教师教育生命的一抹亮色。我们很容易发现,教师们在课程实践中会自然形成亲疏程度不同的互动交流关系,甚至很多教师的"知心"对话者不是搭班教师,而是他们主动选择的对象。当然,搭班教师之间建立彼此心灵相通的对话习惯和默契,是尤其值得羡慕的一件事。如果只是幼儿园管理者出于对教师专业发展的要求而指定的"师傅",可能并不能达成这样的效果。

幼儿园教师完全可以主动和自己欣赏和敬佩的教育者讨论教育问题,建立更密切的关系。其实在很多情况下,也是因为曾经拥有对话的机会才建立了更深入的关系。这种对话,往往是平等的,充满信任和欣赏的,常常能让针对专业问题的探讨真实而深入,表达更自在自如,也更能打动和影响教师,推动教师的实践选择和改进,让对话的双方都得到专业和情感上的滋养。

管理、更新自己的知识系统

教师的专业发展表面上看是一个系统、有计划的发展阶段和过程,事实上,循着每一个教师的需要和逻辑路径实现教师的发展才是核心。教师是主动的学习者,拥有自己的倾向和选择,会主动架构起自己的知识和能力体系,包括选择适宜的学习方式。我们希望教师学着把握幼儿园课程对教师的发展要求,结合自己的特点,将专业发展的主动权掌握在自己的手中。

不管怎样的专业发展设计,都离不开教师日常点点滴滴的实践积累。教师把时间和精力花在哪里,专业发展的更大可能性就在哪里。与写在纸面上的专业发展计划相比，教师在日常的课程实践中究竟在研究和关心什么，什么持续吸引了他的注意力，他经常在接触的专业学习资源的内容、性质和品质怎样的，是在影响教师的发展的水平和速度。外来的培训、讲座，也只有被教师吸收以后才能推动教师发展。所以教师不需要强求自己学习什么，而要尊重和发现自己的兴趣，发现这个领域中自己已有的认识和能力，再去主动收集、吸收和整合相应的资源，从而实现对自身专业知识的管理。

教师完全可以积极展现自己的学习兴趣和研究需求，而幼儿园管理者也乐于见到教师学习的积极性和对自己专业发展的积极期待、责任感，从而可以更有针对性地提供支持和帮助，让教师专业发展的规划和实施、幼儿园课程发展的需要与教师发展的需要自然衔接起来。

参与并享受教研

幼儿园的各种方式、主题的教研活动，是制度化地研讨教师课程实践中的问题、实现教师专业提升的手段，同时，也是教师深入发现自己和向他人学习的专门活动。作为教研参与者，教师对教研活动可以有一些基本的考量，比如，自己对教研话题是否感兴趣，是否有经过自己思考的经验可以分享，是否有想要和其他教师探讨的问题，过程中是否有机会充分表达，以及是否从教研中有所收获，等等。如果以上问题的回答都是"是"，那么这是一次比较理想的教研活动。

我们期待的幼儿园教研活动是这样的，但并不能把这个责任推到幼儿园或者教研主持人、组织者身上，只是被动等待着别人来组织和安排自己，而是可以主动从前面几个指向上有所准备，成为主动的教研参与者，主动提出问题、分析问题和解决问题，珍惜和教育伙伴坐在一起静心讨论问题的时间和机会，让自己享受共研、对话、思维碰撞的快乐。教研活动也只有在每一位教师都主动深入思考和探究问题时，才真正具有意义。甚至教研不必有所谓的正确答案，也没有谁能提供完美的结论，只是因为有每一位教师的经验分享和思维投入，这个研讨的过程就足够有意义。没有教师的参与，教研就成了没有内容的空壳，成为教师不得不持续承受的负担。所以，为了能度过有价值的教研时光，每一位教师都要尝试去做积极主动的教研参与者和改进者。

丰厚自己，润泽他人

教师是通过自己来影响他人成长的职业，幼儿园教师更是将自己全方位展现在幼儿面前，对幼儿的成长影响巨大。从某种角度来说，教师是怎样的人，过着怎样的职业生活，幼儿们就过着怎样的生活，怎样长大。对教育、社会、生活有丰富、深刻的体验的教师，更懂得自己的定位，会为他身边的幼儿、教师、家长带来更大的价值。为了幼儿的发展、为了更好地发挥教育的影响去充实、丰满自己，是幼儿园教师生命成长的重要主题。

教师要努力成为具有广泛兴趣，对社会生活、对大自然充满好奇的人，尤其是具有儿童的情趣和眼光的人，这样才可能把广大的世界主动向幼儿去展开，让他们与我们共同的生活建立积极、自然的连接。教师更要对人与社会的运行规则和情感传递有深入的了解，懂得世界的复杂性但并不世故，而是相信自己可以作出主动的选择，带着饱满的热情和希望去开展面向幼儿的工作。教师还可以主动阅读、研究，不断充实和丰厚自己的学识和见识，形成自己对生活的信念，让自己拥有容纳更多可能性、不确定性的包容度，这样无论是在面对来自幼儿发展过程中的挑战，还是课程实践中的烦恼甚至痛苦时，都拥有定力，不会轻易迷失自己。

Q&A 来自教师的问题

Q1：和其他人相比，我不善于设计和组织"令人眼前一亮"的集体活动，怎么办？

答：很多年来，幼儿园教师的确将设计和组织"令人眼前一亮"的集体活动作为自己专业发展到一定水平的重要判断标准。在这样的活动中教师和幼儿通常都有积极、愉悦的状态，而幼儿更是在其中获得切实的进步和收获。的确，能够设计和组织这样的活动，可能说明教师具有多方面的综合能力，比如，了解幼儿的发展特点和兴趣，会选择适宜的发展目标、设计幼儿主动参与的活动过程，帮助幼儿在有限时间里有所获得。这的确相当值得羡慕。但是，这只是多种因素共同作用的结果，如果把这样的结果当作教师重要的目标（甚至唯一的目标）去追求，那就是片面的理解了。

我们要意识到，不管采用怎样的方法和手段，真正实现幼儿主动学习和发展的过程才是有意义的。尤其是在当下，我们越来越倡导教师在一日生活中创造自然、多样化的幼儿活动机会，丰富幼儿的成长经历和体验，教师完全可以打开视野，用多种途径去促进幼儿的发展，去关注幼儿是如何学习和成长的，然后通过创造与他们成长相适应的条件，促成和满足幼儿的发展。为此，辨析和懂得幼儿的需要，为幼儿创设可选择的活动内容，允许和欣赏幼儿自发自主的探索，倾听幼儿对问题的理解和表达，帮助幼儿通过和成人同伴的交往去学习，等等，都是切实可行的途径。而这些都不是以"漂亮的结果"为判定依据的。

幼儿园教师要学会接纳自己的特点，思考在教师专业发展中究竟什么才是重要的、需要发展的品质和关键的能力，更要以平常心来选择自己要做怎样的教师，才有益于幼儿成长，例如，我想做一名"喜欢倾听和理解幼儿的教师""善于观察和引导幼儿互动的教师""始终呵护幼儿阅读兴趣的教师"，甚至是"能梳

50种发式吸引幼儿(爱美和整洁)的教师",这些教师选择并为之努力的具体的专业形象,才是教师对自己最直观的发展期待,能够引导教师从操作层面去追求专业成长。当然,如果幼儿园能真正帮助教师主动聚焦幼儿发展,形成"各美其美"的专业发展理念,将更加有助于教师建立自信,积极主动地成长。

Q2：有什么具体的做法可以帮助教师管理自己的知识和实现能力提升？

答：当教师想要对自己的专业发展负起责任,管理自己的知识和实现能力提升,那么尝试了解自己的学习过程并有意识地去调控自己的学习注意力,就成为一种必要的手段。很多教师都在实践中找到了各自喜欢或者适宜的方法。比如,有的教师会为自己建一个学习资源文件夹,里面分类收藏了不同主题的内容,这显然是体现教师的研究兴趣的载体。经常有目的地阅读和整理自己的"文件夹",可以帮助自己逐步聚焦当下的兴趣点,快速、全面获取经验。又比如,有的教师有自己的"错题集",收集和记录了自己在课程实践中遭遇的失败、挫折和困难,以及对它们的分析和认识,包括后续"纠正"的过程和形成的新认识。这种基于自身的"试错"而学习的过程,是教师主动通过反思,管理自己的学习经历和学习收获。有的教师喜欢制作富有个性的"教育手账",这种综合的、图文并茂的创作过程,能帮助自己回顾和反思自己的实践经历,产生对自己的新理解和新成长。还有一些成熟的骨干教师,自发地将自己的某些方面的实践经验和成果转化为可以分享给他人的讲座或研习资源,等等。无论采取哪种方式,教师都是出于自愿才这样做的,因此内心都是充实而快乐的,并由此实现了专业发展,收获了专业自信体验教育的价值。

跋一

周洪飞

上海市托幼协会副会长

这是一本立足于保教实践，又有一定的理论阐述的书。作者将十几年来自己深度思考过的问题、探索过的路径做了有序的梳理，并针对当前学前教育当中不甚明确的一些观念和把握不准的操作方法，立足学前教育改革与发展的现实土壤，做出了带有指导意义的回答，体现了新一代优秀教研员丰厚的学术素养与先进的教育理念。

"课程领导力"是一个古老的新概念，是现代教师专业发展的新视角，提升领导力也是教师教育的新使命。这本书的核心要义是"课程领导力"，作者全面阐述了她所理解的具有课程领导力的教师是怎样的，同时，结合教研经验，为一线教师提供了"今天如何做有课程领导力的老师"的全面的认知和实践指引。全书对章节及标题很讲究，用五个章节铺陈课程领导力的核心内涵与观念，用大小标题聚焦课程领导力的关键主题，用具有现场感的叙述以及来自教师的问题串起书稿，以此结构全文，难能可贵。全书行文也颇具特点，娓娓道来，鞭辟入里，可读性较强。这是一本好书，相信会给广大幼儿教育工作者，在提升课程领导力尤其是对于"两难"问题的辨析与应对上带来启发。

跋二

徐则民

上海市教师教育学院(上海市教育委员会教学研究室)小幼教师部副部长

和贺蓉老师共事已超过十年了,她是一位难得一遇的、能够深度对话的伙伴,也是我这十年专业成长中不可或缺的师友,我欣喜拥有这样的同行者。很多时候,我内心主张的观点、拟将落实的行动在与之交流后往往会得到高度的认同,并收获丰满与完善。

这些年来,因为无数次聆听、阅读过她的分析与见解,所以会由衷期望她能用她喜欢的方式呈现其对学前教育的种种思考。这不仅是对她自己的复盘与整理,也能启迪更多的学前教育工作者。这个春天,我终于有幸成为首批读者。利用一个小长假,静心读、慢慢品、认真摘录。

接住贺蓉老师的追问,我也禁不住对自己进行"灵魂拷问":你理想中的幼儿园教师形象是什么?你是否成为你理想中的样子?你如何看待课程领导力?你是否以追随和实现课程目标为导向?你是否能以课程领导力的发力方式,在实践中主动发现和解决课程问题?……事实上,所有的学前教育工作者都应该经常自省吾身而善修其身,如此往复才能成为更为丰满、完整、自然和谐的教师。

在我看来,广大教师若能切实践行书中的诸多主张,相信不久后我们能在上海乃至全国看到越来越多的理想幼儿园的模样:教师顺应幼儿的 N 种天性;建立舒适的师幼关系,给予幼儿合理期待,欣赏其成长;教师足够敏感足够"懂"幼儿;教师关注着每一个"熟悉而具体"的幼儿,且让所有的事情都以"幼儿是否获得发展"或者"幼儿是否获得更优质的发展机会"为判断依据。日常工作中,教师引导幼儿尊重自己的感受和体验;用行动去示范;给幼儿读图画书和讲故事;与幼儿用艺术舞动身心;带领幼儿参与传统文化活动、和动植物交朋友、经历完整而非片段的探究过程……

其实,这些年来,我一直很欣赏贺蓉老师始终保持着独立的、探寻本质的思考方式。那些众人耳熟能详、习以为常的词语,在她的脑海里却有别样的深刻。比如,集体不应该成为"统一""标准""相同"的代名词,几十名幼儿在一起的课程实施,除了"一起教育"带来的效率追求,还应该有更为重要的即发挥幼儿"在一起"的价值。比如,环境与材料要耐受幼儿的正常"折腾",要放手让幼儿掌控和决定,不要为"做环境"而直接去做,更要观察幼儿为什么需要它,如何使用它,以及它的存在和使用为幼儿的发展提供了怎样的、适宜的可能性。还比如,图画书不是为教师去教育幼儿而存在的,它本身最大的价值是吸引和启发不同的读者形成自己的理解和体验,学到他可能学到的东西。再比如,在培养怎样的幼儿时,教育同人会从文件、园所目标中获得方向,但"家园共育"时我们是否应该倾听幼儿家庭养育者的声音,并作出符合幼儿发展和利益的价值选择。

值得一提的是,贺蓉老师还在文中给教师提了个醒:我们要进一步克制自己作为教师的优越感,提防自己作为教育者的那种自以为是,预先规划好一切,并在过程中指手画脚,让幼儿只能被动听取教师的意见、接受教师的指令、安排和评价,处于被动地位。我们需要不断学习在课程实践中去维护、支持幼儿发挥主动性,让幼儿在一日生活中能生动活泼、手脑灵动地从经历的丰富活动中去真实地学习,而不是完全按照我们的预设、只学会我们期待的东西。

正如贺蓉老师所说:幼儿园教师是一份需要热情、充分发挥主体性、创造性的职业。当"关注和支持每一个幼儿"成为当下、乃至未来园所和教师可以主动选择的一种信念时,园所和教师一定会在行动上自觉作出调整,这应该是全面建设高质量幼儿园"成就每一个孩子快乐健康,助力每一名教师专业发展,助力每一所幼儿园更美丽温馨"的必然选择、必由之路吧。

后记

我不喜欢重复自己。

这于我是一个全新的尝试,把一项持续多年的大型研究项目中的思考和认识,转换到幼儿园教师实践的视角下去陈述出来。很高兴自己做了这样的努力,并且收获颇丰。

我不止一次地让自己置身于不同的幼儿园角色中。我深深体会着,充分设想着,细细咀嚼着,如果我仍旧是一名教师或者园长,现在会怎么做、怎么想。幸运的是,我曾经做过教师、园长,有足够多值得回味的过往经历。更感谢的是,作为一名幼教教研员,拥有足够多观察幼儿园正在发生什么的机会,有着和教师、园长们打交道的丰富经验和现实体验。每每观察和倾听,就收获数不清的灵感和启发。我相信,正是这些推动着我与自己的工作建立深度联结。

虽然今日的我站在教研员的视角去批判性地审视过往的自己和他人的实践显得有失公允,但我确信只有根植于过往和正在进行中的实践,才是塑造自己的最好方式。值得庆幸的是,过往和现在的我是完整而和谐的,甚至在多年前,我的教育实践就是顺着现在类似的路径在展开的。现在的梳理,只是用一条特别的线串起以往散落的珍珠,这是一场充满感激的回味。

非常感激周洪飞老师,是她最初带着我在上海的课改实践和研究中努力走上了提升自己的课程领导力的道路,并一路给予我示范和指引,不断提升课程意识和实践能力。

真诚感谢徐则民老师,和她一同工作的经历,让我近距离观察一位心怀理想、勇于质疑、主动实践的幼教人并向她学习。与她在面对诸多幼儿园保教现场问题时的同频共振,无须言说的默契,于我是有力量的支持。

更要诚挚感谢华爱华教授,一位乐于长久地站立在幼儿园保教实践现场和园长、教师对话的专家,她具体而深邃的思考和深入浅出的表达常如醍醐灌顶,她内心坚定秉持的"教师立场"经常敲打我作为教研员的头脑和心灵,她基于现实对课程领导内涵的理解与分析，推动着我不断探寻提升教师和园长课程领导力的秘密。

也诚挚地感谢本书的责任编辑谢少卿女士，是在她的"主动追击"和"持续督促"下，我才产生了换一种方式来梳理自己经历与思考的念头，继而逐步成型为现在这本书的模样。她充分尊重我的想法和表述风格，不遗余力地帮助我去实现自己的期望，这使得撰写和修改的过程成为了一种愉快、自在的表达。

我还要感谢一位未曾蒙面的特殊合作者杲萌萌小朋友，书中插画都源于她的日常画作。读她的画，我会边猜边不由自主地微笑，那里面藏着无数幸福的念头和一个有趣的小灵魂。

最后要感谢的是我的先生和儿子。先生虽不完全清楚我一直在写什么，但他愿意做一切来支持我，让我用喜欢的方式做自己乐意做的事。陪伴儿子成长的过程则给予我机会去审问自己的选择，掂量我行动的勇气，而他总给我回应和启示。

感谢我的工作让我遇见一个不一样的我。

贺　蓉

2024 年 5 月

图书在版编目(CIP)数据

勇敢些,选择这样做教师:幼儿园课程领导者的自我培育/贺蓉著.—上海:复旦大学出版社,2024.6(2025.4重印)
ISBN 978-7-309-17380-2

Ⅰ.①勇… Ⅱ.①贺… Ⅲ.①幼儿园-课程建设-研究 Ⅳ.①G612

中国国家版本馆 CIP 数据核字(2024)第 075717 号

勇敢些,选择这样做教师:幼儿园课程领导者的自我培育
贺　蓉　著
责任编辑/谢少卿
版式设计/右序设计

复旦大学出版社有限公司出版发行
上海市国权路 579 号　邮编:200433
网址:fupnet@fudanpress.com　http://www.fudanpress.com
门市零售:86-21-65102580　　团体订购:86-21-65104505
出版部电话:86-21-65642845
上海四维数字图文有限公司

开本 787 毫米×1092 毫米　1/16　印张 12.75　字数 168 千字
2024 年 6 月第 1 版
2025 年 4 月第 1 版第 3 次印刷

ISBN 978-7-309-17380-2/G·2588
定价:55.00 元

如有印装质量问题,请向复旦大学出版社有限公司出版部调换。
版权所有　　侵权必究